A Técnica da Vida Espiritual

Annie Besant

A Técnica da Vida Espiritual

Tradução
Milton Lavrador

Editora Teosófica
Brasília-DF

The Theosophical Publishing House
Adyar, Madras, 600 020, Índia

EDITORA TEOSÓFICA
SGAS Quadra 603, Conj. E, s/nº
70.200-630 - Brasília-DF - Brasil
Tel.: (61) 3322-7843
Fax: (61) 3226-3703
E-mail: *editorateosofica@editorateosofica.com.br*
Site: *www.editorateosofica.com.br*

Codd, Clara M.

C 669

A técnica da vida espiritual / Clara M. Codd:
Tradução: Milton Lavrador. - 1.ed. - Brasília
Editora Teosófica, 2013.

Tradução de: The technique of the spiritual life
ISBN 978-85-7922-098-2

1. Teosofia.
II. Título

CDD 212

Revisão: Maria Coeli Perdigão
Zeneida Cereja da Silva
Digramação: Editora Kiron
Capa: Francisco Regis
Impressão: Grafika Papel e Cores
E-mail: papelecores@gmail.com

Sumário

Força de todas as Forças! Oh, enchei e inundai meu ser;
Sol Eterno banhai-me em Vossa Luz;
A Visão, ela própria, não necessita de olhos para ver,
E a vida ilimitada não necessita de asas para galgar as alturas.

Sou Vossa Luz, sepultada em lâmpada mortal,
Vossa Bem-Aventurança, acima de todos os prazeres
e dores passageiros;
Acima de suas tristezas e alegrias está a Paz sem sombras;
Despedaçai a lâmpada; a Luz, a Luz permanecerá.

Pai de todos os Espíritos, Amor eternamente ardente,
Queimai todas as formas que separam a minha vida de Vós;
Perdido em meu próprio eu, para o Vosso voltando,
Encontro-Vos e encontro a Vossa e a minha eternidade.

De Um Hino a Shiva

Capítulo 1

Introdução

É notório que o mundo se encontra agora no limiar de uma Nova Era.

A vida se processa em ciclos, nunca numa linha reta invariável. Este grande princípio é sempre válido. Não há uma tarde que não leve a outra manhã, nem um inverno que não preceda outra primavera. O "dia" de um homem segue exatamente a mesma série. O primeiro arco da vida do homem é de avanço, crescimento, progresso; o segundo é de volta, de lenta decadência das forças vitais, do princípio da paz noturna.

Isso é verdade não somente para um dia, um ano, um ciclo vital, mas também para a vida coletiva de cada nação, civilização, planeta, sistema solar e, até mesmo, para o próprio universo ilimitado. Esta é a lei cíclica universal, movimento eterno, ritmo das marés altas e baixas de toda a Natureza. É assim que uma nação chega à extinção e deixa de existir, mas as almas que nela vivem renascem numa nova raça. Podemos ver os traços dos romanos, colonizadores obedientes às leis, nos ingleses modernos, e os meticulosos artistas gregos nos franceses de hoje.

As civilizações, que as nações criam e corporificam,

têm seu grande dia e depois passam, e de suas cinzas surge um novo e mais elevado conceito de vida. A consciência coletiva da humanidade atravessa muitos desses ciclos, e nisso, embora as formas possam ser destruídas, a vida imortal persiste e logo se expressa em novas formas.

> Muda a antiga ordem, dando lugar a uma nova,
> E Deus Se realiza de muitas maneiras,
> Não deixando que um velho hábito venha a corromper o mundo.

Um ciclo como esse, de aproximadamente 2.000 anos, está se encerrando agora. A humanidade em sua caminhada encontra-se agora "um passo mais próxima de sua casa". Os sinais de encerramento de um ciclo são desordens generalizadas, caos, mudanças, cataclismos. Daí lentamente emerge o esboço do novo ciclo. Por exemplo, agora é claro que a idade do isolamento, dos impérios, do domínio de uma nação por outra são fatos do passado. A união de todo o mundo pelo rádio, televisão, aviação, etc., pressagiam um sonho do poeta Tennyson: "O parlamento do homem, a Federação do mundo". A Nova Era que agora desponta verá o crescimento do princípio da cooperação entre todas as nações e todas as classes e, assim, o fim da guerra, bem como da pobreza, para o resto da vida deste planeta.

Essas grandes mudanças são realmente acarretadas pelo crescimento da consciência do homem; e isso se projeta no mundo do pensamento religioso ainda com mais intensidade do que no mundo do relacionamento social, sendo este último uma consequência daquele.

O homem está passando da ideia do Deus Transcendente para a do Deus Imanente: Deus Imanente, acima de tudo, no mais profundo do coração do homem. Daí o rápido e extraordinário crescimento do interesse das pessoas pelo Misticismo, Ocultismo, *Yoga* e pela vida dos grandes Santos e Sábios. Há oitenta anos, um Mestre de Sabedoria fez notar que uma onda de misticismo estava varrendo a Europa. Agora ela está inundando o mundo inteiro e milhares de pessoas, voltando-se para dentro de si, tateiam em busca de Deus, procuram encontrá-Lo, buscam *no seu interior* o Reino dos Céus e a felicidade duradoura.

Esta é a verdadeira religião; como Dean Inge disse, o misticismo — o conhecimento direto de Deus — é a religião *real*, e sem seus grandes santos, conhecedores e amantes do Real, nenhum sistema religioso exotérico poderia durar. Mais e mais almas estão perscrutando seu próprio interior, tentando encontrar a realização divina. Isso nos leva a outro grande princípio da Natureza: tudo *vem-a-ser*. Dentro da bolota[1] está o futuro gigante da floresta; dentro da semente a adorável flor; e dentro da alma do homem, o futuro Deus, o Homem Perfeito.

Está no destino do homem que um dia ele aprenda a mergulhar na misteriosa profundidade de seu glorioso ser, pois somente aí se encontra a verdadeira sabedoria e o verdadeiro poder de ajudar.

Essa necessidade humana está sendo preenchida hoje por numerosas escolas de pensamento oculto e místico, al-

---

[1] Bolota (*acorn*, no original) é o pequeno fruto do carvalho. (N.T.)

gumas sinceras e verdadeiras e outras menos sábias e não devidamente informadas.

Escrevo este livro com o propósito de fazer a pequena parte que me cabe na ajuda a essa maré em ascensão, formada por aqueles que procuram a Realidade, onde quer que possa estar, sejam eles ou não parte de alguma religião ou corpo místico. A Realidade é o fato puro e simples em toda parte, sem nome, sem rótulo, sem partido. Quando a Ela nos dirigimos, revestimo-la com roupas do pensamento, no qual fomos educados, ou estamos imersos. Mas a Realidade é Una, Simples e Bela. É o topo resplandecente da grande Montanha de Deus, e o homem minúsculo começa a ascendê-la, partindo de qualquer ponto em sua base e escolhe o caminho que melhor lhe parece. Porém, quando chega ao Cume Resplandecente, vê que todas as estradas se juntaram, e apenas resta aquilo que o nobre Plotino chamou "o voo do um para o Uno".

Capítulo 2

A compreensão de nós mesmos: A personalidade e o Ego

Para compreender a técnica desta grande jornada, devemos compreender a nós mesmos e a constituição de nossas almas, bem como tentar ter um vislumbre da Pessoa que realmente somos. Podemos olhar num espelho e ver um corpo, sadio ou doente, belo ou não, e dizer: "Sou isto". Entretanto, o pensamento de um momento nos mostrará que não pode ser assim, pois quando a morte chega, este corpo se esfacelará e desaparecerá, mas temos a firme convicção de que *nós* não desapareceremos! É uma verdadeira intuição. O homem não é somente este corpo que pode ser visto com os olhos físicos. Há para ele bem mais que isso.

Com esse corpo ele se movimenta e age. São, porém, bem mais importantes para ele seus pensamentos e sentimentos subjetivos. Serão eles originários do cérebro e das células nervosas do corpo? Se assim fosse eles deixariam de existir após a morte.

É fato demonstrável, mesmo para a razão e para os sentidos humanos, nestes admiráveis dias, que um homem vive em diversos mundos de consciência ao mesmo tempo, e esses se manifestam através de estados de matéria mais rudes ou mais refinados ou de forças vibratórias. Cumpre lembrar que não há forma de consciência que não se expresse através de alguma forma de matéria. Há muitos planos ou condições de consciência e matéria, interpenetrando o mundo físico, em uma das quais o pensamento e a atividade mental são os fatores determinantes, e em outro se expressam a sensação e a emoção. Juntos eles constituem o mundo psíquico ou o mundo da "alma", pois a palavra grega que é traduzida como "alma" é *psyche,* de onde foram extraídos os termos psíquico e psicologia. Das tentativas modernas de explorar o mundo da alma, uma delas é a do ponto de vista da matéria ou forma, outra, a do ponto de vista de seu poder de consciência. H. G. Wells uma vez escreveu que o grande avanço científico do futuro será feito no reino da psicologia, enquanto *Sir* Oliver Lodgea afirma que a futura tarefa da ciência seria explorar e mapear o mundo da alma, começando pela telepatia, fato atualmente bem comprovado.

Para a compreensão completa deste problema, deveríamos estudar os numerosos livros escritos por ocultistas. Talvez bastasse para nosso propósito atual pensar em nós mesmos como um ser tríplice — corpo, alma e Espírito.

O corpo é o instrumento da ação e da experiência. Através dos acontecimentos da vida que nos atingem com tanta rapidez, formamos hábitos mentais, conceitos e ideias e, mais ou menos com base nisso, agimos. Não desprezemos o corpo, como fizeram muitos místicos primitivos.

O corpo é um instrumento valioso para o progresso de nossa alma, mas não é realmente nós, é nosso para nosso uso. Pelos seus nervos sensoriais ganhamos impressões que modelamos em conceitos. Pelos seus nervos motores atuamos em nosso ambiente.

O que é então a alma que *usa* este corpo, por "osmose" se assim podemos dizer, pois pensamento e sentimento têm origem no interior, nos mundos mais sutis do ser onde eles são forças vivas, vibrantes e criativas da Natureza, imediatamente provocando vibrações sincrônicas (embora de voltagem mais baixa) nas células do cérebro e dos nervos do corpo, transferindo assim essas forças para a consciência física.

E o que é Espírito? Algumas pessoas confundem os dois termos, alma e Espírito, e julgam que eles são permutáveis, mas no original grego são palavras bem diferentes. Espírito é a palavra grega *pneuma,* que praticamente tem o mesmo significado que a latina *spiritus,* que quer dizer alento vital. A Vida Eterna insuflou no homem psíquico e físico o Alento de Vida e ele se tornou uma alma viva e imortal. Esse terceiro fator em nós é a parte eterna; imortal, que dura para sempre. "Não será eliminado quando o corpo for destruído".

O Espírito em nós é a Palavra de Deus feito carne, aquela que a Inteligência Criadora pronunciou para expressar Seu Pensamento e enquanto o "céu" e a "terra" de nosso interior e exterior, psíquico e físico, passam e são repetidamente recriados, a Palavra em nós nunca passará, nunca deixará de existir.

Este é nosso "Eu Superior", se, como é natural, pensarmos nele como estando acima de nós. O pensar, o sentir e o agir de nosso eu, com seus planos de ser e expressão, não são senão instrumentos do Eu Superior, que acumula experiência e progresso por meio deles. Esse plano mais elevado do ser está onde todos somos "Filhos de Deus", porque não há filho do homem, por mais abandonado e degradado, que não tenha, em seu interior, esta fagulha de Beleza e Eternidade. É uma herança que ele não pode ignorar.

Como visualizaremos este Eu superior em nós, pois não podemos vê-lo, tocá-lo, examiná-lo com nossos sentidos físicos? É aí que entra a poesia das escrituras religiosas. Através de imagem, molde, analogia, símbolo, as escrituras indicam o indescritível, o incomensurável.

O primeiro capítulo do *Gênese* afirma que Deus fez o homem a Sua própria imagem. Isso significa nosso corpo físico? Em certo sentido, para o ocultista, sim; pois ele sabe que o corpo do homem é uma coletânea de simbologias, indicando os Poderes Cósmicos com os quais todas as suas partes estão em comunhão. Mas para o homem comum isso pode ser expresso mais facilmente em termos de consciência, e então descobriremos o verdadeiro significado da Deidade Tríplice de mais de uma grande religião.

O Pensamento aspira à Sabedoria; o único sentimento criativo, durável é o Amor; os resultados da ação são experiência, dotando-nos com o Poder. O Espírito no homem, como a fonte que lhe deu origem, é a Sabedoria, o Amor e o Poder perfeitos.

Mas em milhões de pessoas ele está profundamente sepultado. Dificilmente seu encanto pode ser notado. Porém está aí. O Espírito no homem cresce como crescem as flores, de uma semente ou possibilidade. No princípio, sua semente deve "cair", morrer, perder-se na lama escura. Mas o crescimento se processa nas trevas. Ela somente é visível quando se ergue acima do solo; e, mesmo então para nós, "não aparecerá ainda como será". Contudo, nutrida pelas chuvas que vêm do céu ou pela chuva que vem das lágrimas, dos desgostos e das perdas, fortificada pelos ventos, desenvolvida pela luz solar da alegria e da justiça, a planta divina cresce para o alto, até que por último a flor, para quem tudo isso foi preparado, aparece e enche o ar com sua beleza e fragrância.

Assim cresce o Espírito no homem. Por muitas vidas ele germina no ventre da Natureza. Mas um dia ele começa a influenciar a "natureza humana", nos momentos mais elevados, nos momentos de inspiração, no amor sem egoísmo, no sacrifício, nos êxtases de respostas à Beleza e à Verdade. O caminho é divisado e, em uma vida, a alma resolve segui-lo até que, após muitas existências, chega o Dia em que floresce, em toda sua plenitude, a glória da Divindade interior que enche o ambiente da alma com seu aroma inefável de bem-aventurança e paz.

Dizem as escrituras hindus que a alma do homem é como a sagrada flor do lótus. Suas raízes estão mergulhadas profundamente no lodo do rio, mas, atravessando a água, cresce até abrir na superfície, à luz do sol, sua adorável floração. Eis o Real, o Eterno em nós, o "homem para quem a hora nunca soará", a verdadeira Fonte, mesmo nas trevas da terra, de tudo quanto é belo, encantador e verdadeiro.

No âmago de nosso coração, todos nós "amamos a Deus", pois todos ansiamos por beleza e verdade e pela alegria que nos vem de sua realização. Pensamos que isso pode ser encontrado no exterior, que nos pode ser dado ou ensinado por alguma autoridade. De fato, está no âmago de todos nós, para sempre aguardando, com a paciência que tem a eternidade, que o procuremos e o encontremos. Cristo chamou-o a "pérola de grande preço", o Reino dos Céus que está no interior, e Ele disse que, se um homem soubesse onde ele está oculto, venderia tudo quanto possuísse para comprar esse local ou campo e faria as escavações necessárias à sua procura. Verdadeiramente não será encontrado, exceto ao preço de tudo que nós, como personalidade, temos aqui.

O "campo" é nossa natureza humana, Mãe-Natureza, o grande mar do número da matéria, chamado no Oriente *Mulaprakriti*, Mãe-Matéria, em cujo ventre sombrio, o "Filho de Deus", nosso Divino Eu, está em gestação e um dia nascerá para a plena autoconsciência.

Disse o Senhor a Nicodemos: "Quem não nascer da água e do Espírito, não pode entrar no Reino de Deus... Não te admires de eu te dizer: Deverás nascer de novo". (João 3.3-9).

Nascer de novo" — na consciência espiritual, é o "nascido duas vezes" do Oriente; "nascido da água" é o símbolo da matéria, sempre a escorrer para baixo; e "do Espírito" — cujo símbolo é o fogo, sempre galgando alturas, e nunca diminuíndo, por mais que acenda outro fogo. Assim a natureza espiritual em nós nasce de uma mãe humana e de um Divino Pai oculto. Podemos nos aproximar cada vez mais Dele, mas nunca tocar sua grandeza infinita.

Outras metáforas foram usadas pelo Senhor Cristo. Ele falou sobre os "Anjos" nos homens "que nos céus veem incessantemente a face de meu Pai celeste". (Mateus 18.10). E firmemente Ele proclamou a Divindade do homem, como também o fizeram todos os grandes Mestres. "Sois deuses", disse Ele em certa ocasião, citando o Rei Davi, que cantou: "Sois deuses, sois todos filhos do Altíssimo". (Salmo 82.6).

A verdade dessa Divindade interior foi magnificamente ensinada por São Paulo. Na verdade as Epístolas Paulinas são em sua maior parte tratados sobre este tema. "Não sabeis que sois o santuário de Deus, e que o Espírito de Deus habita em vós?" (I Coríntios 3.16). São Pedro fala sobre "o homem interior do coração, unido ao incorruptível..." (I Pedro, 3.4). São Paulo denomina isto "Cristo em vós, a esperança de glória", e exorta seu povo: "Meus filhos, por quem de novo sofro as dores do parto, até ser Cristo formado em vós". (Gálatas, 4.19).

Podemos usar outra imagem e pintar esta Divindade Pura dentro de nós como uma Chama Viva de Deus e o nosso eu tríplice de pensamento, emoção e corpo como um globo que o envolve.

O que então podemos fazer é apenas ir lentamente — isso pode tomar mais de uma vida —, purificando e tornando limpo o globo, e procurar a Chama de modo que ela possa resplandecer cada vez mais para a bem-aventurança e conforto de todos os homens.

O espírito no homem tem consciência, sabedoria espiritual e amor que lhe são próprios e grandiosos e não são igualados pelos seus nobres reflexos chamados conhecimento e amor humanos, embora o contato com nossa Divindade possa iluminá-los. Isso não é algo que ganhamos. Está sempre aí. É Verdade, é Amor, é Alegria. Em nenhum outro lugar, senão em nós mesmos, podemos encontrá-los permanentemente.

O Espírito no homem é o filho pródigo da grande alegoria. Por muitas e muitas vidas, ele mergulha mais e mais no lodo, mas uma coisa ele nunca perde, pois é seu próprio ser: a fome da Verdade, do Amor e da Alegria; de fato sua fome de Deus. Este é o verdadeiro sentido religioso, o "instinto do lar" do Espírito humano. "Porque", diz Santo Agostinho, "fomos criados para Vós, e nossos corações estão inquietos até que em Vós encontrem seu descanso". Como a água sempre procurando seu próprio nível, o Deus -espírito no homem procura sua união com o Deus-espírito do universo.

"O Homem-espírito explica o Deus-espírito, como uma gota de água comprova uma fonte da qual é proveniente". (*Ísis sem Véu*)[2]

Esta é a nossa parte mais profunda, mais "original". Aquilo que é chamado "pecado original" é somente o que no Oriente se chama *Avidya*, o não conhecimento, a ignorância, o ser sem a verdadeira sabedoria. Mas esta é uma lei

---

[2] Editora Pensamento, São Paulo, 1991. (N.E.)

da Natureza. Pode a semente mostrar a beleza que contém, e a criança, a sabedoria de seu pai?

Como sabemos que chegamos ao ponto em que a procura da nossa Divindade pode começar? O próprio pensamento é o começo, porque nunca encontraremos aquilo em que não acreditamos. Assim o primeiro passo é a "fé", que foi definida como "o conhecimento não aprendido da alma". Quando muito proclamada, é denominada "vocação", que significa uma voz chamando, a voz do nosso eterno Eu. H. P. B. disse que, no mundo de hoje, são numerosas as pessoas capazes de encontrar e trilhar o caminho interior, mas sua consciência cerebral ainda não compreendeu isso.

Uma vez o Mestre K. H.[3] escreveu ao Sr. Sinnett: "Aquilo a que o homem interno desejou se ligar, o homem externo, o homem carnal, não ratificou. Tendo ouvidos, o homem externo ainda não ouviu. O Senhor Buda falou de maneira semelhante a Seus monges. Disse-lhes que há no mundo centenas de jovens que, de bom grado, trilhariam a estrada mais elevada, bastando-lhes que alguém a indicasse.

Nestes dias admiráveis isso é cada vez mais verdadeiro, pois é cada vez maior o número de "eleitos", daqueles que verdadeiramente procuram.

Este livro foi escrito com a esperança de abrir os olhos de algumas pessoas para que procurem e encontrem o caminho da pura felicidade e do poder de ajudar.

---

[3] *Cartas dos Mahatmas para A. P. Sinnett*. Ed. Teosófica, Brasília, 2001. (N.E.)

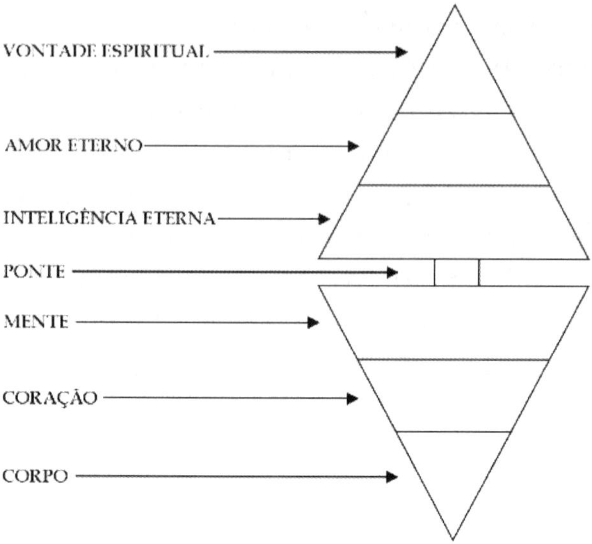

A PERSONALIDADE E O EGO

A Personalidade (nosso lado humano)

Corpo — para experiência e serviço.

Coração — para resposta à Beleza e ao Amor e para irradiação de Beleza e Amor.

Mente — para observar e compreender.

Esta personalidade tríplice é o vaso de cristal que deve ser limpo e purificado, pois em seu interior queima a Chama Divina, a Fonte de todo encanto e bondade.

O Ego ou a Alma (nosso lado divino)

Vontade Espiritual — o propósito da Vida.

Amor Eterno — brilhando como o Sol sobre todas as coisas.

Inteligência Eterna — levando à Sabedoria e ao Conhecimento Espiritual.

***Antahkarana* (a ponte entre os dois)**

A Mente e o Coração purificados do egoísmo e aspirando a ir firmemente em direção à sua contraparte divina.

Capítulo 3

A preparação para o caminho: A vontade

A Importância da Vontade

A vontade é o fator de suprema importância em todo trabalho oculto e crescimento espiritual. O poder criador mágico de *Kriyashakti* é a força "do pensamento concentrado e da vontade". Força de vontade não somente significa a habilidade de escolher, mas também a de permanecer no caminho escolhido, de perseverar.

Este poder é frequentemente um dos pontos mais fracos na constituição do homem moderno. Toda a tendência de nossa vida moderna suave e confortável é o solapamento da vontade e da capacidade de resistência. A inteligência para ver o melhor caminho e a vontade firme de continuar trilhando-o são necessidades absolutas para o sucesso em qualquer empreendimento, material ou espiritual.

A posse do poder da vontade não é um dom do alto. Se alguém o possui é por tê-lo desenvolvido por si mesmo, em vidas passadas. A grande maioria dos homens é mais ou menos deficiente neste particular. Mas ele pode ser desenvolvido.

Só há um modo de fazer isto: pela aquisição da faculdade, da aptidão de dizer "não" a nós mesmos, de enfrentar o desapontamento, a perda, o fracasso sem que isso abale nossas intenções finais. Se você que lê estas palavras é jovem, comece cedo. Vontade é uma forma superior de desejo. É um desejo elevado, um desejo impessoal, considerado correto, necessário, altruístico, oposto à autossatisfação, ao prazer momentâneo, à autoindulgência inferior. O homem autoindulgente nunca pode vir a ser o santo, o iluminado, aquele que irradia Deus.

A força de vontade é desenvolvida pelo "passar sem alguma coisa", dizendo "não" ao pequeno eu, em todas as ocasiões possíveis, até que ele cesse de pedir, reclamar, discutir e obedeça aos ditames do Eu Superior, sem mais questionamento. Alguns de meus leitores encontrarão um esplêndido artigo do Dr. Cronin no Reader's Digest, de fevereiro de 1956, intitulado "A menos que você negue a si mesmo". Dr. Cronin fala sobre um famoso médico, Nikola Tesla, que começou, quando menino, a aprender e a praticar o seguinte: "Se eu tinha alguma coisa de que eu particularmente gostasse, um doce, bolo ou chocolate, renunciava a ele, embora sofresse. Se houvesse uma tarefa ou exercício que me desagradasse, eu o fazia, não importando a tendência contrária. Com o passar dos anos, cessou o conflito. Meu desejo e minha vontade unificaram-se".

Eis o verdadeiro ascetismo, tão desprezado nos dias atuais, que dá um poder soberano ao homem.

Os Santos conheceram bem isso, e assim encontramos Santa Teresa de Lisieux fechando o livro que estava lendo, mesmo na parte mais interessante, no meio de uma frase, no momento em que soava o sino do convento; e contendo sua curiosidade e interesse naturais em uma carta até o dia seguinte. Os santos cristãos contradiziam e desprezavam o corpo de tal maneira que muitas vezes o tornavam inútil. O Caminho do Meio do Senhor Buda nem tratava mal nem era indulgente com o corpo e com as paixões e os desejos que o movem.

O pequeno eu de nossa mente, emoções e corpo comuns aprende a obedecer à vontade do Eu divino interior e terá muito que sofrer até que fique habituado e em paz. Esta batalha é o primeiro passo, e, como diz o provérbio francês: "O primeiro passo é o que conta".

Um dos aspectos de uma vontade fraca é o hábito da indecisão. Ninguém com esta peculiaridade pode ser feliz por muito tempo. Só há um meio de curá-la. Tome uma decisão, mesmo que seja errada (você saberá pelos resultados), permaneça nela ainda que sua mente e emoções resmunguem, apresentem razões contra e o torturem. Eu conheço sua tortura, pois tenho essa peculiaridade. Tão logo seja tomada uma decisão, o eu inferior começa a pensar que a outra era a certa! Não dê ouvidos.

Além disso, a pessoa indecisa está sempre procurando conselho que, na maior parte das vezes, não segue. Algo muito importante o candidato a ocultista deve aprender, que é tomar suas próprias decisões, especialmente encontrar e seguir a vontade de sua própria Divindade. Ninguém sabe isso melhor que nós. Não deveremos nunca permitir que outros nos influenciem, por mais plausíveis que possam ser seus argumentos.

Sim, isso importará em dor e sofrimento. Mas um atleta recusa o desconforto do treinamento para uma grande corrida? Um homem ambicioso atinge um sucesso notável sem desistir voluntariamente de seu conforto, de seu bem-estar, mesmo o bem-estar necessário, de passar longos anos em incessante esforço? Por que seria diferente com o maior dos empreendimentos do universo?

Há algo que devemos lembrar sempre: nosso "eu inferior", o instrumento do Eu real, consiste do corpo mental ou mente, do corpo emocional de sentimentos, desejos e paixões, e do corpo físico que, muito frequentemente, é vítima e não causador dos caminhos errados do pensamento e da vida, pois não é geralmente o corpo o real tentador do homem, mas as imagens-pensamento evocadas pelas paixões; estes três corpos, são, todos eles, criaturas de hábitos. Se perseverarmos, eles se tornarão tão adaptados aos bons hábitos, como são agora acostumados aos maus hábitos. Assim, como diz o Bhagavad-Gita, aquilo "que no princípio é como veneno, mas que acaba como néctar", vem ao homem que pode perseverar com bravura.

Não devemos forçar a personalidade usando a personalidade; é pelo pensamento do Imortal Governante Interno, pelo crescente vislumbre e amor do Belo, do Amável, do Verdadeiro, que podemos nos tornar cada vez mais o canal dessa Beleza.

Duas coisas cumpre-nos adquirir e reter desde o princípio: escolha correta e força para nunca ficar desencorajado.

A Escolha Certa

Perguntaremos a nós mesmos: Nós aspiramos ao crescimento espiritual, mas qual é a razão de desejarmos tal coisa? Sejamos absolutamente honestos conosco, desenvolvamos a habilidade de ver-nos, se possível, sem aprovação ou reprovação, mas somente em busca da compreensão.

Desejamos a felicidade e a segurança espiritual para nós *próprios?* Desejamos ser ou tornar-nos algo de belo, louvável, especial? Gostaríamos que outros homens nos olhassem de tal modo que, de nossa posição elevada, nos curvássemos para ajudá-los? De fato, com o correr do tempo, faríamos de "Deus", a Eterna Beleza, um apanágio, um adorno, uma propriedade pessoal nossa?

Tudo isso é muito natural e a Dra. Besant disse-nos, em certa ocasião, que podemos legitimamente usar a ambição pessoal para, no princípio, sobrepujar nossos defeitos, mas devemos acabar abandonando-a completamente. É dito em *Luz no Caminho*[4]: "Detém-te e reflete um pouco. É o Caminho que desejas ou será que existe, em tuas visões, uma tênue perspectiva de grandes alturas a serem escaladas por ti, de um grandioso futuro a ser atingido? Toma cuidado. A Senda deve ser buscada por si mesma, e não em função dos teus pés que a trilharão".

Somente o puro amor de Deus, o Belo e Verdadeiro, e o amor dos homens e de toda a vida, pode conduzir-nos a Deus — quando o amor de nós mesmos, ainda que elevado

---

[4] Editora Teosófica, Brasília, 2 ed, 2011, p.47. (N.E.)

e admissível, estiver perdido. É necessário que possamos nos tornar canais puros e abnegados do Amor Divino, da Sabedoria Divina, do Poder Divino, a fim de prestar ajuda! Esta é a única voz que pode ser ouvida nos Céus. Como é difícil! Será que podemos fazer isso? Sim, gradualmente; pela prece, pela aspiração, pela compreensão, pela prática.

Desânimo

Nunca, nunca devemos ficar deprimidos. No começo não compreendemos como é grande o objetivo, como é longo o caminho, como é escuro no princípio. "Lentamente a estrada serpenteia para cima através dos anos. Na alegria ou na tristeza, na saúde ou na doença, na prosperidade ou no revés, o esforço deve continuar. Ao cair, a pessoa ergue-se e gradualmente adquire coragem, fé, vontade de ter sucesso e capacidade de amar... Inicialmente isso nos acarretará esforço, sacrifício e sofrimento, como qualquer disciplina destinada ao treinamento da mente, dos órgãos ou dos músculos. Mais tarde nos trará algo de inestimável valor, uma alegria peculiar e indefinível, que se deve sentir para compreender. Somente naqueles que lhe serviram fielmente toda a vida, o espírito continua a elevar-se até o fim". (Alexis Carrel).

Santa Teresa de Lisieux tomou, por ocasião de sua primeira comunhão, uma resolução, que respeitou por toda a sua vida: "Nunca me permitirei desanimar".

O desespero é outro lado do egoísmo, nosso inimigo no Caminho. "Que ele eleve o eu mediante o SER, e que o eu não se deprima, pois o SER é o amigo do eu, e também o SER é o inimigo do eu".[5]

O motivo certo e a cura da depressão são resumidos por um Mestre, com estas palavras: "Você deve viver para os outros e com eles, não para você mesmo ou com você mesmo" (Um Adepto a W. Q. Judge).

"Antes que você possa aproximar-se do primeiro portal, deve aprender a separar seu corpo de sua mente, a dissipar a sombra e viver no eterno. Para isso cumpre viver e respirar em tudo, do mesmo modo que tudo que você percebe respira em você; sentir-se tolerante a todas as coisas, a todas as coisas do Eu...".

"Mestres há muitos; a Alma-Mestra é uma, *Alaya*, a Alma Universal. Viva nesse Mestre como seu raio[6] em você. Viva em seus semelhantes como eles vivem nela...".

"Afinaste o teu coração e a tua mente com a grande mente e o grande coração de toda humanidade? Porque, como a voz sonora do rio sagrado, na qual todos os sons têm o seu eco, assim deve o coração daquele que queira entrar na corrente, vibrar em resposta a cada suspiro e pensamento de tudo quanto vive e respira"[7].

---

[5] *Bhagavad Gita*, Editora Teosófica, Brasília, 2010, p. 106. (N.E.)

[6] Os raios são divisões da Natureza, diferentes energias de que cada ser animado é composto (N.E.)

[7] *A Voz do Silêncio*, Editora Teosófica, Brasília, 2012, p. 196. (N.E.)

Capítulo 4

A preparação para o caminho: O corpo

O Treinamento do Corpo

O plano físico é o mundo por excelência para o treinamento da vontade, pois a própria matéria do plano físico tem uma preponderância de *guna tamásica*, a qualidade de inércia ou resistência. Isto porque ela é um reflexo longínquo do plano da Vontade Divina onde essa vontade é como uma corrente brilhante e irresistível. Assim as dificuldades e os problemas da vida são destinados a induzir em nós a expansão de nosso *Ātma*, ou inteligência e vontade.

É mais fácil treinar o corpo quando aprendemos a não nos identificar com ele. Durante um mês, lembre-se constantemente de que esse corpo não é o "Eu". "Não temos aqui uma cidade estável, mas procuramos uma que virá". Isso é literalmente verdade, pois esta nossa residência está continuamente mudando, de um momento para outro, expelindo umas partículas e absorvendo outras. A "cidade eterna" que todos procuramos, mais ou menos inconscientemente, é a "Cidade do Deus" interior, eterna, imutável e imortal.

Mais de uma imagem tem sido usada para designar o corpo. No *Gênese* é chamado o "casaco de pele" que o Senhor Deus fez e deu ao homem. Como todo casaco, ele se desgasta e, depois de algum tempo, temos de ter um novo. Mr. Arnold Bennett o chama a máquina humana que nós, o invisível maquinista, dirigimos. São Francisco o chamava "irmão asno".

Como é uma coisa viva possuindo uma consciência elemental própria e fraca, separada de seu dono, a consciência coletiva de suas células, é melhor que se use o termo aplicado em *Aos Pés do Mestre*[8], "O corpo é teu animal — o cavalo sobre o qual montas". Suponha agora que dispuséssemos somente de um cavalo para ir a qualquer lugar, como teríamos cuidado com nosso cavalo, como o alimentaríamos bem, como o trataríamos e o adestraríamos. Isso é exatamente o que deveríamos fazer com nossos corpos! Eles são uma espécie de animal, com instintos animais (que o homem aumentou enormemente pela ação da mente e das emoções), e com um poder de autocura admirável e incessante, como os praticantes da Cura Natural descobriram.

O corpo tem uma consciência elemental própria e separada de seu dono. Tal afirmativa é fundamentada no fato de que tudo no universo é vivo e, portanto, até certo ponto "consciente", embora a consciência de um átomo em nada seja semelhante à consciência humana. Devido a virem agindo juntas, há muito tempo, as células do corpo adquiriram uma consciência fraca e associada.

---

[8] Editora Teosófica, Brasília, 2010, p. 22. (N.E.)

Notem como as diferentes partes do corpo cooperam. Se um órgão é danificado, os demais tentam assumir seu trabalho. Quando ocorre um ferimento, a inteligência corpórea faz um maravilhoso conserto. Até o momento da morte, o corpo luta valentemente para se ajustar e curar, muitas vezes contra probabilidades arrasadoras. Frequentemente a inteligência corpórea é frustrada e contrariada pela ignorância da vontade e dos desejos do dono, o homem. O corpo é dirigido, como todas as formas materiais, pela grande lei da autopreservação, instintiva e habitual.

Sendo uma espécie de animal, o corpo é uma criatura de hábitos, como todos os animais. Um cavalo domado está adquirindo hábitos, as habilidades de um cão são hábitos, as maneiras de ser de um gato são sempre hábitos. Temos aqui a chave para o adestramento e a direção do nosso corpo. É muito bom para nós se nossos pais nos tiverem inculcado bons hábitos, quando ainda éramos jovens, hábitos de espontaneamente acordar cedo, moderação e autolimitação no comer e no beber, de estar apto a passar sem uma coisa ou outra e, em geral, vencer a inércia natural do corpo.

Devemos sempre nos lembrar da preponderância da *guna tamásica* sobre nossos corpos. Dizem as escrituras indianas que todas as formas de matéria têm uma das três *gunas* ou qualidade da matéria, preponderando sobre as demais. Assim, *tamas*, inércia, é a qualidade principal da matéria física; *rajas*, atividade vigorosa, é a qualidade do circundante e interpenetrante plano emocional, daí a violência e premência das paixões e emoções; *sattva*, estabilidade, que depois de equilibrados os outros dois, reina mais sobre o plano mental, o plano da razão, com sua aptidão de julgar e decidir.

Cumpre-me apresentar agora os Sete Pecados Mortais do Catolicismo. Eles são chamados "mortais" porque "matam a alma", o que quer dizer que anulam na alma suas manifestações mais elevadas.

1. *Indolência*, preguiça — físico
2. *Ira*
3. *Luxúria*
4. *Avidez* — emocional
5. *Orgulho*
6. *Inveja*
7. *Cobiça* — mental

Trataremos dos outros seis no devido lugar, e agora examinaremos o primeiro. O grande vício do corpo físico é a inércia, a preguiça, o desagrado por qualquer esforço. Esta inércia pode assumir muitas formas. Tornamo-nos preguiçosos, com gosto por não fazer nada, ineptos a qualquer esforço; há ainda formas mais sutis, tais como, deixar para amanhã o que nos seria um incômodo fazer hoje; falta de pontualidade, desarrumação, hábitos de desordem.

Escreve o Dr. Alexis Carrel: "A primeira coisa que devemos fazer é remover os obstáculos que perturbam nosso desenvolvimento espiritual... É necessário renunciar às atitudes mentais que tanto atrofiam a consciência, a ponto de levar ao suicídio espiritual. A preguiça é particularmente letal.

A preguiça não consiste somente em nada fazer, em dormir demais, em trabalhar mal ou não trabalhar, mas também em devotar nosso lazer a coisas tolas e inúteis. Tagarelices infindáveis, jogos de cartas, corridas de automóveis sem destino, abuso de cinema e rádio, etc — tudo isso reduz a inteligência".

Tagarelar longamente desgasta nossa energia nervosa. Os fatores acima mencionados são realmente mecanismos escapistas. Não desejamos encarar-nos, ou ouvir aquilo que nosso Eu Superior, manifestando-se às vezes como "consciência", quer que façamos.

Esses fatores somente podem ser tratados pela vontade, lembrando, como já foi dito, que a inércia da matéria é o reflexo da vontade irresistível dos mundos espirituais.

Podemos ver agora o uso da vida física, com todas as suas frustrações, desapontamentos e obstáculos.

Combatendo-os, vencendo-os, suportando-os quando não é possível anulá-los, atraímos para nós mais e mais *Ātma*, a vontade espiritual.

Todos aqueles que desejam sucesso em qualquer empreendimento sabem que cumpre vencer essa inércia. Toda liderança no esporte necessita de um treinamento prévio, prolongado e fatigante. São Paulo usa esta comparação. "Assim apresse-se", escreve ele, "para que você possa alcançar" e diz que todos os que lutam pela maestria são moderados em tudo e têm o corpo sob controle. Seu sucesso é devido, diz ele, a dias e noites de trabalho árduo, energia, perseverança e fadiga desmesuradas. Por que deveríamos pensar que os grandes prêmios da vida espiritual seriam obtidos com qualquer pequeno dispêndio de esforço?

Vençamos, portanto, a preguiça, a indecisão, a aversão ao esforço. Devemos ter sempre viva em nós a capacidade para o esforço, para a fadiga.

Lembremos, mais uma vez, a inerente tendência de todas as formas da matéria para criar um hábito. À medida que a vida corre, adquirimos muitos maus hábitos: comer em demasia, fumar em demasia, deixar que outra pessoa faça as coisas em vez de nos prontificarmos a fazê-las nós mesmos. É bom que adquiramos, cedo na vida, bons hábitos, pois é mais difícil alterá-los com o correr dos anos. Entretanto isso *pode* ser feito, se tivermos a vontade, a coragem, a persistência de suportar a dor de abandonar um mau hábito e adquirir um novo. Vale a pena fazê-lo.

Não tema a dor, o sofrimento, a privação. O primeiro Caminho da Purificação significa ascetismo e vontade. Mas dor e sofrimento são os anjos negros auxiliares do homem, sem os quais ele se tornaria um autômato insensível, egoísta.

"A Harmonia," escreveu H.P.B., "é a lei da vida, a discórdia é a sua sombra, de onde se origina o sofrimento, o mestre, o despertador da consciência". A dor aqui está; não podemos escapar dela; assim tome-a pela mão, esta admirável e misteriosa mensageira dos Deuses. Os antigos celtas diziam que um homem que sofria muito estava "fazendo sua alma".

Como alimentaremos o corpo, o "cavalo que montamos"? Devemos considerar aqui circunstâncias, idade e hereditariedade. Está dito em *Aos Pés do Mestre:* "Tu deves estudar profundamente as Leis ocultas da Natureza, e quando as conheceres organiza a tua vida de acordo com elas, utilizando sempre a razão e o bom-senso."[9]

Não são todos que podem tornar-se vegetarianos. Se possível, vá aos poucos deixando de comer carne. O longo e aneliforme intestino do homem não é adaptado à assimilação da carne, como o é o intestino curto e liso dos carnívoros; daí a enorme absorção pelo homem de toxinas venenosas. Os médicos descobriram que a gordura *animal,* e não a vegetal, causa a obstrução das artérias e, assim, a predominância da trombose, uma das mais frequentes causas da morte do homem moderno. A carne bovina é a que tem os piores efeitos na aura psíquica e nos centros cerebrais. Alguma coisa do reino animal invade-nos com sua carne.

Em cerimoniais, os canibais comem um inimigo valente de modo que sua coragem entre naqueles que dele compartilham! As tropas japonesas, que comumente se alimentavam de arroz, na guerra comiam carne para se tornarem melhores combatentes.

Para aqueles que desejam levar uma vida espiritual, os melhores alimentos são descritos no *Bhagavad Gita* como *sattvicos*: "Alimentos que aumentam a vitalidade, a energia... deliciosos, agradáveis. Os alimentos *sattvicos* incluem grãos, frutas frescas, vegetais não cozidos e que crescem acima do solo, leite". Entretanto aqui se deve fazer uma discriminação. Não é razoável que alguém abandone a carne para tentar viver somente de amido e chá! Hoje em dia tudo

---

[9] Editora Teosófica, 2010, pp. 26-27 (N.E.)

isso pode ser estudado facilmente. O principal inimigo é comer em demasia. Dizem as escrituras hindus que se deve encher o estômago com um terço de alimento, um terço de água, e deixar um terço para *Shiva*. Ou, para expressar isso nas palavras muito conhecidas de *Sir* Philip Sydney, "devemos acordar com apetite". Diz H.P.B. que "nada é mais destruidor dos impulsos mais sutis, mais elevados, do que a glutonia". Frequentemente a glutonia é uma "compensação" para uma satisfação emocional frustrada; muitas vezes uma pessoa desapontada volta- se para a comida.

O álcool tem efeito ainda pior. Não é de admirar que o Budismo e o Islamismo proíbam seu uso. O álcool se volatiliza e afeta muito desfavoravelmente os centros do cérebro pelos quais a consciência espiritual pode entrar no físico.

Lembro-me de um homem que tinha sido um beberrão, mas que se corrigira e adotara uma vida de meditação, dizendo-me como sua cabeça doía quando meditava, mas que de qualquer maneira persistiria. "É claro que produz dor", disse-lhe eu, "você deve ter paciência até que se desvaneça o efeito de todo o álcool que você ingeriu". Cumpre notar que a meditação deve ser sempre moderada quando se sentir dor ou pressão na cabeça. Isto significa tensão nas células nervosas; se continuada, acabará por frustrar qualquer propósito mais elevado.

Quanto a fumar, diz-se que fumantes exagerados correm o risco de câncer no pulmão.

Do ponto de vista esotérico, com o passar do tempo o fumo afeta o corpo psíquico interpenetrante e radiante, tornando-o mais grosseiro e menos sensível. Cessar o hábito de fumar é um esforço terrível, porque o fumo é realmente uma droga possessiva. As mulheres, especialmente, devem deixar de fumar, pois algumas enfermeiras me disseram que os bebês nascem impregnados de nicotina.

E sobre o exercício? É claro que devemos usar nossos músculos, ou eles se atrofiarão. O melhor exercício do mundo é andar rápido, pois isso massageia os músculos abdominais. Alguns trabalhos domésticos fazem o mesmo efeito. Os músculos mais importantes a serem desenvolvidos não são os dos braços e os das pernas, mas os do abdômen, os do dorso e os do pescoço. Para esta finalidade é benéfica a prática em voga de *hatha-yoga*. Podemos aprender alguns exercícios moderados em livros tais como os escritos por um Raja hindu, intitulado *The Ten-point Way to Health (O Caminho dos Dez pontos para a Saúde)*; e *Para Sempre Jovem – Para Sempre Saudável (Forever Young – Forever Healthy), de Indra Devi.*

Há ainda outro lado da vida física que requer exercícios de pensamento e vontade; é o planejamento das atividades de nossa vida, do que deve ser feito ou não deve ser feito, como empregar o tempo e não desperdiçá-lo e o hábito de decidir após pensar devidamente.

Muita gente quererá dirigir nossa vida, mas não seremos felizes, a menos que nós mesmos o façamos.

Dr. Edward Bach, o Bom Doutor que largou seu trabalho como bacteriologista para curar as pessoas com flores, escreve: "Nosso único dever é obedecer aos ditames de nossa consciência, e isto nunca, em momento algum, suportaria o domínio de outra personalidade... É necessário que compreendamos que todo ser está aqui para desenvolver sua própria evolução, de acordo com a orientação de sua Alma, tão somente de sua Alma, e nenhum de nós deve fazer qualquer coisa que não seja encorajar nosso irmão nesse desenvolvimento".

Gosto de alguns versos do poema de Sir Richard Burton, o autor da versão em inglês de *The Arabian Nights (Noites Arábicas):*

> Faça aquilo que sua natureza humana o compele a fazer,
> De ninguém senão de si próprio espere aplauso;
> Aquele que cria e respeita suas próprias Leis
> Vive e morre com a maior nobreza.
> (O Kasidah de Haji Abdu El-Yazdi)

Capítulo 5

A preparação para o caminho: As emoções

O Treinamento das Emoções

Repetindo, a primeira coisa a fazer é compreender que não somos nossas sensações. Observe-as como se movimentam, apelam, erguem-se. O mesmo corpo psíquico expressa desejo, paixão e amor. Motivado pelo simples exame superficial, o pequeno "eu" deseja, apodera-se, agarra alguma coisa como uma criança que quer ter um objeto. Geralmente sente-se isso próximo da cintura e indica atividade no centro de força, ou *chakra*, chamado plexo solar. O Amor menos pessoal, Divino, é sentido no *chakra* do coração. As emoções "inferiores" são de um comprimento de onda de vibrações mais lentas, mais densas do que as ondas dos sentimentos mais "elevados", e tendem a se deslocar para a parte mais baixa da "aura" radiante e interpenetrante que nos cerca. Possivelmente está aí a origem do costume cristão de se ajoelhar em oração ou prece, e do avental maçônico que simbolicamente separa a parte inferior. As emoções mais elevadas brilham na parte superior da aura, a aspiração mais elevada sempre aparece acima da cabeça.

Os "pecados mortais" da luxúria e avidez são sentimentos vorazes, possessivos; a ira é a explosão do pequeno eu quando é frustrado ou rejeitado. Isso pode ser facilmente visível nas criancinhas, pois atravessam, nos primeiros anos, um resumo da evolução da raça passada. As crianças, salvo exceções, são naturalmente ávidas, egoístas, sem consideração, possessivas. Não são ainda bastante crescidas para "doar". É lamentável, mas muita gente nunca cresce e continua pela vida afora tomando, exigindo. "A porta do inferno é tríplice", diz o *Bhagavad Gita,* "destrutiva do Eu — luxúria, ira e avidez".

Note uma coisa sobre o desejo. Ele nos impele até que cedemos e o satisfazemos. Mas não acaba aí; ele se ergue muitas vezes, mais forte do que nunca, exigindo sempre mais. O desejo nunca é vencido pela satisfação. Diz *A Voz do Silêncio*: "Não creias que a luxúria possa ser aniquilada se é satisfeita ou saciada, porque isso é uma abominação inspirada por *Māra.* É alimentado o vício que ele se expande e se torna forte, tal como a lagarta que se alimenta no coração da flor"[10]. Se tivermos suficiente vontade e coragem para suportar a dor de uma negativa ao desejo, ele aos poucos para e não nos incomoda mais.

A paixão é uma forma muito forte de desejo. Muitas pessoas sabem o quanto é difícil controlá-la e dominá-la. Mas se as paixões forem fortes e incontroláveis no homem, elas o impedirão de atingir o Reino dos Céus aqui na Terra.

---

[10] Editora Teosófica, Brasília, 2012, p. 122. (N.E.)

Entretanto, a melhor maneira de lidar com as paixões não é pensar constantemente nelas e lutar contra elas, a não ser quando é necessário.

Vamos, aos poucos, expulsando-as de nós, cultivando desejos e emoções mais elevados, mais nobres e desprendidos. O amor à beleza e a resposta à amabilidade, a generosa apreciação da delicadeza da alma nos outros, a ausência da inveja, o verdadeiro cuidado com a felicidade e bem-estar dos outros, a doação de nós próprios e daquilo que nos pertence àqueles que necessitam, as ainda mais elevadas faculdades de veneração, adoração, a abnegada orientação de nós mesmos para a Eterna Beleza e para o Eterno Amor, tudo isso, cultivado e crescendo em nós, extirpará lenta e seguramente os desejos inferiores. "O eu da matéria e o Eu do Espírito nunca podem encontrar-se. Um dos dois deve desaparecer; não há lugar para ambos".

Substituição é sempre melhor do que mera extinção. Esta é a verdade que está por trás da parábola do Senhor Cristo sobre o homem que tinha sete demônios e expele-os, mas como não pôs sete anjos em seus lugares, todos os demônios voltaram com mais força que antes. Mera repressão não é a solução. A vibração das paixões e das emoções significa a presença de um tipo correspondente de matéria psíquica no eu interno. Encorajando as emoções mais elevadas, aos poucos construímos em nós um tipo mais elevado de matéria que impede a volta das formas inferiores.

O que então devemos desejar para nós mesmos, posto que o desejo, de algum modo, é a força-motora da vida?

Desejemos o melhor, desejemos as coisas mais amáveis da vida e, finalmente, desejemo-las não para nós próprios, mas para toda a vida que nos cerca, que toda a vida possa crescer em felicidade, em sabedoria em poder, como Deus quis que crescessem, não como o homem pensa que devam crescer. Em *Luz no Caminho* é dito: "Deseja aquelas posses que podem ser mantidas pela alma pura, para que acumules riquezas para aquele espírito uno de vida que é o teu único e verdadeiro Eu"[11]. "Bem-aventurados os pobres em espírito porque eles verão a Deus". Bem-aventurados são aqueles que nada pedem do universo, mas apenas doam. Disse o grande sábio Patañjali que, quando cessa todo desejo de possuir, então todas as coisas colocam-se aos pés do homem.

Cultivemos as respostas mais belas para a vida. Quantos de nós temos olhos que não veem e ouvidos que não ouvem! Esteja consciente (sem ser necessariamente clarividente) que você tem uma aura radiante, pulsando, brilhando ao seu redor, e não somente um núcleo sólido dum corpo físico. O hábito de pensar que somos apenas este corpo físico influencia a radiação do corpo psíquico, que facilmente segue o pensamento, e assim se encolhe em sua radiação e adquire certa congestão. Enchamos nossos corações de amor, alegria e coragem e, então, pela vontade, irradiemo-los. Se ajudar, imagine uma cor rosada, brilhante, forte e refulgente e, então, usando a vontade, pense nela expandindo-se e irradiando-se em torno de você, tão longe quanto possa. A aura é elástica e seguirá a vontade e a imaginação. Isso feito regularmente expande

[11] Editora Teosófica, Brasília, 2011, p. 45. (N.E.)

e aumenta a radiação pessoal, em benefício da saúde psíquica e física.

Acima de tudo tentemos compreender o verdadeiro amor, o eterno doador de vida e o salvador de tudo.

Quando dizemos que amamos certas pessoas e pedimos sua atenção e sua presença, não as amamos. Amamos a nós próprios e ansiamos pelo conforto que sua presença nos traz.

"Podemos", diz São Paulo, "ter toda espécie de admiráveis dons psíquicos e físicos, mas se não tivermos amor e nossas ações não forem feitas por amor, eles nada valem."

E quando sentimos amor e ternura por outrem, expressemos isso por um toque de ternura, um olhar, uma palavra, com suavidade, beleza e consideração. Alguns de nós fomos educados na proibição de demonstrar emoção. Pare com isso. Muitas vezes ouvi pessoas lamentarem que alguém amado tinha morrido antes que pudessem dizer-lhe o quanto era querido.

Todas as crianças necessitam de atenção e de amor terno e compreensivo. É a sua segurança para a vindoura batalha da vida. Estimule as crianças a amar, admirar e apreciar, em vez de, como hoje tão frequentemente fazemos, competir, invejar, superar quem quer que seja.

Amar e apreciar generosamente o grande, o encantador e o verdadeiro, é participar um pouco de seu encanto. Muitas vezes ouvimos o oposto: crítica, demolição, repetição maldosa de falatório. Sabe por que há pessoas que assim procedem? Porque suas almas estão esfomeadas, confinadas e frustradas. Ame-as, pois somente o amor pode ajudá-las a conquistar a liberdade e a alegria. (Mais sobre o assunto pode ser lido no capítulo "Amor — o Curador", em meu livro *The Ageless Wisdom of Life (A Perene Sabedoria da Vida)* .

Gostaria também de dizer uma palavra sobre os impulsos sexuais, tão fortes na maioria de nós. Você pode encontrar no segundo volume de *A Doutrina Secreta* a razão disso. O abuso e a degradação da função sexual são tão desastrosos em seus efeitos, por ser ela um reflexo na Terra do poder criador mais elevado do universo. Todas as formas de *Yoga*, tanto no Oriente como no Ocidente, são bem claras sobre a necessidade do controle e da sublimação do sexo. O celibato imposto não é saudável. Mas à medida que o homem avança no caminho para o mundo mais elevado verifica que a solicitação carnal vai diminuindo, pois a força sexual tende a se sublimar no poder espiritual elevado. Enquanto isso não acontece é impedido o registro da consciência espiritual no cérebro. Mas nunca experimente apressar ou usar métodos especiais para atingir essa finalidade. Pureza de vida e de pensamento, consideração e carinho pelo outro no relacionamento sexual legítimo trarão esse resultado. Na antiga Índia o homem tinha sua vida sexual por algum tempo como dever à sua raça. Depois, com o pleno consentimento de sua mulher, ambos retiravam-se da vida no lar para seguir o caminho direto para o Mais Elevado. A vida matrimonial pode ser um meio de elevação, dependendo tudo de nossa atitude. A educação da maioria de nós não nos conduz a essa perspectiva.

Nada mais pode ser dito aqui. (Recomendaria àqueles que estejam interessados, a leitura do meu livro, *The Criati-*

ve Power (O Poder Criador), publicado pela Sociedade Teosófica Americana, em Wheaton, Ill., E.U.A., e reimpresso pela Casa Editora Teosófica de Londres).

Cumpre também lembrar que a fluência das correntes *prānicas* mais elevadas no corpo, induzidas pela meditação, às vezes acentuam os impulsos inferiores. Esta é a razão por que pessoas religiosas são frequentemente culpadas de pecados sexuais. Mantido com constância, o pensamento elevado religioso acabará por transformar o sexo, mas nos períodos em que é afrouxado, frequentemente será observado o estímulo citado.

Devo mencionar agora mais um ponto. Frequentemente, tenho encontrado homens e mulheres fascinados pelo Ocultismo, que o compreenderam de maneira elementar, e cuja descrição dos poderes supranormais atraiu seu egoísmo e orgulho, que anunciam sua decisão de seguir uma vida de celibato sem qualquer pensamento do que isso possa significar para seus associados. A esses eu diria: "Você tem com eles um compromisso do qual não deve fugir". O primeiro *dever* ensinado no ocultismo é cumprir o dever *pelo próprio dever.* Não se pode atingir a essência do amor abnegado e a ausência de todo egoísmo, que é o objetivo do esforço oculto, por meio desse egoísmo ardiloso. O desejo de poderes ocultos e do assim chamado desenvolvimento oculto, é uma forma sutil de egoísmo, mais perigoso para o verdadeiro progresso que as formas usuais de ambição física.

Um livro muito útil para a compreensão de nossa natureza emocional é *The Science of Emotions* (A Ciência das Emoções), do Dr. Bhagavan Das.

Capítulo 6

A preparação para o caminho: A mente

O Treinamento da Mente

Uma vez mais é necessário compreendermos que não somos a nossa mente. Para principiar, observe algumas vezes seus pensamentos. Deixe-os fluir e veja para onde vão. Você verificará que são extraordinariamente mercuriais, rápidos, sempre mutáveis. Eles são sempre assim, mas nós só nos conscientizamos disso observando-os. Se tomarmos parte num tráfego veloz, não perceberemos quão rápido ele é; mas se ficarmos parados e o olharmos, imediatamente o fato chamará nossa atenção.

Note também que o pensamento pode ser provocado por um acontecimento físico ou um desejo emocional. É interessante observar como a mente é acomodatícia; como a natureza-desejo e a mente manejam-se mutuamente. Se desejarmos muito alguma coisa, a mente encontrará toda espécie de razões plausíveis para satisfazer o desejo!

Há dois passos preliminares para o controle da mente: atenção e concentração.

Nunca faça qualquer coisa com a metade de sua mente, sonhando com outras coisas.

Esteja atento ao que você está fazendo e nisso empenhe-se por completo. Está em *Aos Pés do Mestre*: "Aqueles que sabem mais, melhor compreenderão tudo o que este versículo significa. Há um outro semelhante, muito mais antigo: 'Tudo quanto te vier à mão para fazer, faze-o com todo o teu poder'."[12]. Quando, de todo o coração, agimos para o bem, chamamos a atenção e o poder de nosso Eu imortal.

É verdade que com longa prática de meditação desenvolvemos uma espécie de consciência dual. Uma parte de nossa mente estará atendendo alguma coisa aqui na Terra e a outra, sem cessar, olhará para o céu. Mas mesmo então nossa mente inferior controlada será exata e atenta. Na verdade, deveríamos saber o que estamos fazendo e, se possível, por quê.

Concentração, a habilidade de pensar sobre alguma coisa, sem desvio por certo tempo, todos nós a praticamos naturalmente, quando muito interessados. Escolha assim um objeto de pensamento que lhe interesse. Pratique interessar-se pelo assunto do momento.

Devemos pensar clara e ininterruptamente sobre um objeto escolhido. O pensar sem interrupção leva à concentração. Siga uma continuidade de pensamento; faça um passeio imaginário. Este último ponto leva-nos a outra grande força da mente que pode tornar-se criativa e poderosa: a imaginação. Mas lembre-se de que a meditação, especialmente em seus primeiros estágios, é pensamento dirigido.

---

[12] Editora Teosófica, Brasília, 2010, p. 73. (N.E.)

Imaginação significa faculdade de criar imagens. Com esta força podemos encher nosso mundo interior, subjetivo. Se fecharmos nossos olhos, excluímos os objetos do plano físico, mas, em vez disso, podemos ver toda espécie de ideias, figuras e cenas interiores. Olhando para trás, seguindo a torrente do tempo, podemos ter memórias de pessoas, lugares e acontecimentos. Olhando torrente acima podemos ver mais quadros, quadros de esperanças, desejos e aspirações. Estas são criações involuntárias de pensamentos e desejos *(kama-manas)*. Mas podemos também criá-los pela vontade e pela imaginação controlada e dirigida. A imaginação não controlada pode pregar-nos uma peça. Por conseguinte, nossa imaginação deve ser controlada, dirigida, desenvolvida, até que se torne verdadeiramente criativa.

Parte deste desenvolvimento da imaginação é o poder de visualizar. Algumas pessoas têm este poder fortemente desenvolvido. Podem facilmente se tornar psíquicas, porque os poderes de visualização são o começo da visão psíquica. Olhe atentamente para uma rosa. Feche os olhos e reproduza sua imagem. Se você está lendo uma boa história, visualize-a à medida que vai avançando. Este desenvolvimento leva ao crescimento da imaginação criadora, um poder de grande uso na meditação. O desenvolvimento da imaginação nos habilita a "nos colocarmos no lugar de outro", e assim aprendermos a compreender melhor os outros.

A razão, a compreensão e a intuição devem ser desenvolvidas. Isso é feito pela prática da meditação, e também pelo pensamento e estudo paciente, cuidadoso.

A inteligência deve crescer e, crescendo para cima, despertar a intuição. Isso é feito pelo pensar firme e perseverante, pela emoção ardente desperta e pelo aprendizado de como enfrentar a vida. O estudo espiritual não é tanto um acúmulo de fatos (os fatos, muito frequentemente, não são o que parecem ser), mas o desenvolvimento da faculdade.

Leia num bom livro, que exija reflexão, alguma afirmativa ou ideia. Empregue alguns minutos pensando sobre o assunto. Se isso nunca foi feito antes, pode ocorrer certa insuficiência de pensamento. Persevere. Logo começarão a fluir ideias, compreensão e inspiração. Sua mente está crescendo e atingindo outras ideias correlatas no universo. Quando você tiver pensado tão forte e tão longe quanto possa, espere, "olhando aquilo que é invisível, ouvindo aquilo que é inaudível".

Quando tiver chegado ao fim de um parágrafo, escreva, em tão poucas palavras quanto lhe for possível, a essência dele. Faça o mesmo com o capítulo e com o livro inteiro. Um resultado disso será o crescimento da faculdade de ver o essencial na vida como nos livros, bem como o poder de condensar e esclarecer. Muita gente com mente não adestrada não tem o poder de se expressar com clareza, concisão, e de chegar ao essencial. *Sir* Francis Bacon uma vez escreveu que a leitura forma um homem completo, a palavra, um homem preparado e a escrita, um homem exato.

Não apenas devemos estudar livros, mas também, e ainda mais, a própria vida.

Pensemos sobre a vida, seu significado e propósito; sobre as pessoas que podemos compreender e amar; sobre acontecimentos que podem conter uma mensagem para nós. "Escuta a canção da vida... Procura-a e escuta-a primeiro em teu próprio coração... Existe uma melodia natural em todo o coração humano... Procura-a em ti e, uma vez que a tenhas ouvido, mais prontamente a reconhecerás ao redor de ti"[13], que nos aconselha a tentar isso de um ponto de vista absolutamente impessoal; de outro modo, nossa visão será parcial. "A inteligência é imparcial; ninguém é seu inimigo, ninguém é seu amigo. Todos são seus instrutores". Mais uma vez: "Estude os corações dos homens, de modo que você possa saber como é este mundo em que você vive, e do qual quer ser uma parte. Olhe a mudança constante e a vida em movimento ao seu redor, pois é formada por corações de homens; e, à medida que você for compreendendo sua constituição e significado, gradativamente irá habilitando-se a ler o mundo maior da vida".

Inteligência não é o mesmo que intelectualidade. Inteligência é um poder, uma faculdade – o poder de compreender, de ver o sentido básico. Intelectualidade é o poder de acumular e lembrar fatos. É claro que o futuro ocultista torna-se um superpsicólogo. Mais informação sobre o desenvolvimento do poder do pensamento será encontrado em *Thought, the Creator (Pensamento, o Criador)*, de minha autoria.

O Caminho Preparatório

O caminho preparatório para a grande estrada foi muito bem descrito por H. P. B. em "A Escada de Ouro":

[13] *Luz no Caminho*, 2011, p. 78 a 81. (N.E.)

"Contemple a Verdade que está a sua frente. Vida limpa, mente aberta, coração puro, intelecto ardente, afeto fraternal para com todos, presteza para dar e receber conselho e instrução... ânimo valoroso para suportar as injustiças pessoais, destemida declaração de princípios, valente defesa daqueles que são injustamente atacados, e mira constante no ideal de progresso e perfeição humanos que nos revela a Ciência Sagrada. Eis a Escada de Ouro por cujos degraus pode o estudante galgar até o Templo da Sabedoria Divina".

Esse Caminho Preparatório sempre foi o mesmo desde o princípio do mundo. Ele é exposto no Nobre Caminho Óctuplo do Buda, e nas Bem-Aventuranças do Cristo. A antiga escola Trans-Himalaiana chama os degraus de *Paramitae* (Paramitas); eles são seis:

1. Caridade, amor. Todos os sistemas de *Yoga* começam assim.
2. Moralidade, relacionamento correto com os outros.
3. Paciência amável, "que nada pode perturbar", ser paciente no prazer ou na dor, até que não sejamos afetados pelo prazer ou pela dor.
4. Energia destemida, que abre seu caminho para a verdade suprema acima do lodo das ilusões da vida.
5. Meditação profunda ou contemplação, cujo portal de ouro, uma vez aberto, leva a alma aos reinos eternos.

6. Sabedoria, que, identificando o homem com Deus, torna-o conscientemente o Filho do Altíssimo.

O Inimigo

Há somente um inimigo nesse caminho, aquele contra o qual devemos fazer uma guerra sem tréguas, até que seja destruído para sempre, e esse inimigo é *Ahamkara*, o sentido do "eu", "mim" e "meu". Não nos censuremos por isso. Desde tempos imemoriais esse sentido tem sido o protetor e uma concha necessária, como a casca do ovo protege o pinto que está crescendo. Diz H. P. B. que seu papel na evolução é o de uma salvaguarda, de modo que, dentro da carapaça, a individualidade possa crescer em segurança até o soar da hora em que a armadura possa lenta e continuamente ser posta de lado e, firmemente estabelecida a individualidade imortal, sem limitação, entrar em contato com a vida de todas as coisas, sem exceção, e dela participar. Usando ainda a metáfora da casca de ovo, quando a hora é chegada, o pinto no interior quebra a casca com bicadas de modo que possa sair para a gloriosa luz do dia, e a galinha o ajuda do exterior. Do mesmo modo começamos a quebrar a barreira de nosso minúsculo eu, e o "Mestre" e "Guardião" de nossa alma, originalmente nosso Eu Superior (em algumas pessoas ajudadas por um Guru ou Mestre da Sabedoria), ajuda do exterior.

Até que essa hora chegue, é impossível para qualquer um de nós, verdadeiramente, vislumbrar a glória que nos aguarda. É o mesmo que se falasse ao pinto, que ainda não nasceu, sobre a luz solar exterior, pois, nunca a tendo visto, não poderia imaginá-la.

Ele poderia até mesmo recusar-se a acreditar na existência de outro mundo que não aquele dentro da órbita de sua pequena consciência.

Ou como se tentássemos dizer ao botão sobre a maravilhosa luz em que em breve floresceria. Cumpre-me citar aqui as belas palavras da *Luz no Caminho:* "Porém, só quando toda a personalidade do homem estiver dissolvida e desvanecida — só quando for mantida pelo divino fragmento que a criou como mero instrumento de experimentação e experiência — só quando toda a natureza houver cedido e sido submetida ao seu Eu Superior, é que o botão pode se abrir. Então haverá uma calma semelhança àquela que ocorre em uma zona tropical após uma chuva torrencial, quando toda a Natureza parece operar tão rapidamente que é possível vê-la em ação. Essa calma descerá sobre o espírito fatigado. E no profundo silêncio ocorrerá o misterioso acontecimento que comprovará que o caminho foi encontrado. Não importa como tu a chames; é uma voz que fala onde não há ninguém para falar — é um mensageiro que vem, um mensageiro sem forma nem substância; ou antes, é a flor da alma que se abriu. Este acontecimento não pode ser descrito por qualquer metáfora. Pode, porém, ser pressentido, buscado e desejado mesmo em meio ao furor da tempestade"[14].

---

[14] Editora Teosófica, Brasília, 2011, p.60 a 63. (N.E.)

Pode assim o botão sentir o calor do sol, mesmo antes que tenha florido e esteja "ardentemente ansioso de abrir sua alma para o ar".

Cumpre-nos lembrar aqui que "é o eterno que deve estimular a tua força e a tua beleza, e não o desejo de crescimento"[15]. Deus, o Belo, deve ser amado por causa Dele próprio. O velho inimigo, como a hidra, reerguerá a cabeça muitas e muitas vezes e com muitas formas. Quando não mais usar uma veste material, aparecerá com uma forma espiritualizada. Podemos carregá-lo conosco numa grande parte do caminho, mas quanto mais longe formos, mais difícil se tornará matá-lo. É importante eliminá-lo *agora,* no começo do caminho, e assim milhares de serpentes seriam afastadas de nossa rota.

É aqui que os pecados específicos da mente tornam-se claros — orgulho, inveja, cobiça. Todos eles têm sua origem no sentimento exagerado do "eu", do "mim", e do "meu". Talvez seja por isso que Santa Teresa ordenou que suas monjas dissessem sempre "nosso" para tudo, mesmo um copo ou um prato.

A Ideia e o Amor de Deus

Algumas vezes me admiro do interesse, muito em moda sobre os caminhos sagrados do Oriente. O Oriente pode considerar uma Deidade impessoal; o Ocidente, somente uma pessoal. Há certo perigo na ideia pessoal da Vida Eterna. Temos a tendência de atribuir a Deus os vícios

[15] *Luz no Caminho,* Ed. Teosófica, 2011, p. 42. (N.E.)

e as peculiaridades do ser humano. O cético Voltaire disse em certa ocasião: "No começo Deus criou o homem a Sua imagem, e o homem vem Lhe retribuindo a gentileza desde então".

Mas há também um perigo na maneira impessoal. O Impessoal, como Shri Krishna disse, "é difícil para o corporificado alcançar".

A pessoa torna-se então apta a encarar a Deidade como uma espécie de gás sem forma, e a pensar que Ele pode ser apropriado e usado pela personalidade para seu adorno e prestígio, ou para obter benefícios pessoais, ao passo que Ele é a Mente de nossas mentes, o Coração de nossos corações, a Vida de nossas vidas.

O perigo é que podemos "nos acostumar na forte paixão pela estatura pessoal". Como disse o Senhor Cristo: "Qual de vós, por mais que se esforce, pode acrescentar um côvado a sua estatura?" [16] Todos nós crescemos, como crescem as flores, em virtude da pressão evolutiva que nos impele, e do nosso desejo espiritual.

Para evitar esses perigos, ponhamos o Amor em primeiro lugar. O conhecimento quando vem antes pode ser duro e orgulhoso. A mente não iluminada é "a grande assassina do Real". O caminho do amor é real, mesmo quando parece uma *via dolorosa,* uma estrada cheia de desgostos. O amor é a grande força propulsora e vivencial do universo. Permita-me citar mais uma vez o Dr. Alexis Carrel: "Somente o amor tem o poder de pôr abaixo as barreiras atrás das quais nosso egoísmo se refugia, para inflamar nosso en-

[16] Mat. 6.27. (N.T.)

tusiasmo, para fazer-nos trilhar alegremente a via dolorosa do sacrifício". E ainda mais: "O Sacrifício não é uma virtude reservada aos santos e aos heróis. É uma necessidade específica da vida humana".

É impossível amar-se uma abstração. Mas o Eterno é uma personalidade. "Ele não é *menos* que pessoal". (Dean Inge). Nossas pequeninas personalidades são cada uma a soma total de nossos atributos.

Do mesmo modo, Deus é a eflorescência das qualidades do universo.

Isso é grande demais para que possamos imaginar, embora possamos acreditar como as criancinhas acreditam em seus pais que, para elas, são incompreensíveis.

Assim olhamos para um irmão crescido que chegou a ser um com o Pai, e que nos revela a Divindade do homem e a humanidade de Deus. A Ele podemos amar com toda a nossa mente, coração e alma. Para muitos é o Cristo, que é o Mestre do Mundo, dos Deuses, dos anjos e dos homens.

Nunca deixe que o amor se vá, pois o conhecimento pode dissipar-se agora mesmo. Aquele que ama é nascido de Deus e conhece Deus. Tem ternura no coração, bem como humildade e paciência. Pois o amor nada exige, procura apenas fluir, procura brilhar porque deve brilhar.

Consideremos agora o "Caminho" em si mesmo. Ele tem quatro pontos: meditação, estudo, autoconhecimento, serviço de toda a vida. Examinaremos um de cada vez, no capítulo sobre "O Método". Eles constituem um sistema multissecular de autodisciplina. Não recuemos ante o termo autodisciplina. Sem ela não é possível o verdadeiro conhecimento, nem o poder adicional de ajudar. Como muito bem expressa o poeta Tennyson em seu poema Oenome:

> Autorreverência, autoconhecimento, autocontrole,
> Somente estes três levam a vida para o poder
> Soberano.
> E ninguém pode fazer isso por nós. Nós mesmos
> Temos de fazê-lo, o que nos leva à integração da
> Personalidade.

Capítulo 7

A preparação para o caminho: pecados e virtudes

Os Sete Pecados Mortais

1. *Físico:* Indolência, preguiça, protelação.

Conserve-se em movimento; a falta de exercício ocasiona doenças nos músculos e nos ossos.

2. *Emocional*: Ira, Luxúria, Avidez.

A extrema ira causa dano ao corpo psíquico, permitindo que entidades maléficas o penetrem e o dominem.

A luxúria e a extrema sensualidade entopem os órgãos e impedem a circulação do *prāna,* a força vital.

A avidez embrutece tanto o interior quanto o exterior do corpo físico. A avidez por posses tem um efeito isolante sobre a consciência.

3. *Mental:* Orgulho, Inveja, Cobiça.

O orgulho envolve o homem com um manto que o impede de reunir-se aos outros (o pecado do isolacionismo), um impedimento mortal ao seu progresso.

A inveja é a essência dos pequenos desejos. Ela fragmenta o eu, por assim dizer, e faz cessar a integração.

A cobiça é o desejo de possuir os poderes ou propriedades de outrem. De alguém que sofra muito desse mal partem filamentos semelhantes a ganchos que vão na direção daquilo que é desejado. Com o correr do tempo, isto significa a perda da faculdade, a decadência mental.

Todos estes "sete pecados mortais" acabam por "matar" a alma, impedindo-a de entrar em contato com o superior.

Os Antídotos

1. *Físico*: Diligência, perseverança, esforço.

"Trabalho pesado nunca matou ninguém; preocupação já matou muita gente".

2. *Emocional:* Bondade, castidade, temperança, generosidade.

A bondade desarma; a pureza de pensamento e de vida é uma necessidade para a iluminação; a temperança significa austeridade, controle pela mente e pela vontade.

3. *Mental*: Humildade, consciência altruística, contentamento, generosidade.

A verdadeira humildade não consiste em fazermos pouco de nós mesmos, o que frequentemente significa orgulho invertido. Consiste em nunca pensarmos em nós mesmos.

O contentamento significa a compreensão de que ninguém tem aquilo que não seja seu por destino, e que a vida tem boas intenções conosco.

O amor generoso e fraterno anula a inveja e a cobiça; quanto mais dermos aos outros mais a vida nos dará.

"Dai e vos será dado: boa medida, recalcada, sacudida, transbordante, generosamente vos darão; porque com a medida com que tiverdes medido vos medirão também". (Lucas, 6.38)

Capítulo 8

O caminho

O primeiro e mais importante ponto neste antigo e eterno Caminho é a Meditação. Sem a meditação diária, paciente, persistente nunca poderá ser encontrado o Caminho. Isso parece, para algumas pessoas, uma atividade difícil e fatigante. Entretanto, dentro de certa medida, todos nós "meditamos". Se estivermos empenhados no pensamento de um esquema de trabalho, ou mesmo num novo trabalho, estamos de certo modo "meditando". O homem de negócios, que aprende a concentrar o pensamento e a fazer um planejamento bem dirigido de suas atividades, está aprendendo algo que será de valor quando começar, em uma vida futura, a meditar de verdade. Planejar e pensar no que pode ser feito de melhor são formas de "meditação".

Permita-me dar uma lista de estados meditativos da mente na ordem de sua intensidade:

1. Aspiração, ânsia do coração para a Estrela, o Ideal, o Verdadeiro.
2. Prece, levando ao reconhecimento de um "mundo interior", e de que o homem é uma alma, bem como um corpo.

3. Concentração direta ou pensamento em sequência. Isso, com o tempo, integra a personalidade.
4. Pensamento concentrado num ideal, que acarreta a união do pensador com sua vida superior.
5. Adoração e veneração. A mente tendo criado a forma, o coração é estimulado e brilha para o alto.
6. Um apelo ao Eu Superior, pondo em atividade a Vontade Espiritual.
7. A conscientização do Mestre e da "Presença de Deus".

Duas Grandes Verdades

Há duas grandes verdades que são a base de todas as formas de meditação.

1. O Eu Interior assume a aparência daquilo que a mente contempla. Muitos escritos bíblicos confirmam isto: "Como ele pensa em seu coração assim ele é". *(Provérbios, 23.7)* "E todos nós com o rosto desvendado, contemplando, como num espelho, a glória do Senhor, somos transformados, de glória em glória, na sua própria imagem, como pelo Espírito do Senhor". *(II Coríntios, 3.18)* "No caso de alguém cujas *citta-vrttis* foram quase completamente aniquiladas, ocorre a fusão ou completa absorção recíproca do conhecedor, do conhecimento e do conhecido, como no caso de uma joia transparente (colocada sobre uma superfície colorida)"[17].

[17] *A Ciência do Yoga*, I.K. Taimni, I-41. Ed. Teosófica, Brasília, 5 ed. 2011. (N.E.)

O amor e a concentração da mente, com base no amor, levam a isso, como é tão belamente descrito por Tennyson em *Idílios* do Rei.

> Mas quando ele falou e saudou sua Távola Redonda
> Com palavras grandiosas, divinas e confortadoras,
> Além do que minha língua pode contar-lhes – eu observei
> De face para face, por toda a Ordem, relampejar
> Uma semelhança momentânea com o Rei.

Diz-se que marido e mulher que se amam verdadeiramente, com o passar do tempo começam a se assemelhar – porque se amam e pensam constantemente um no outro. Assim S. Paulo exortou seu povo a pensar em todas as coisas que sejam verdadeiras, honestas, justas, amáveis, e que mereçam ser ditas, contendo virtude ou louvor.

2. A Energia Vital do universo, chamada no Oriente de *prāna*, e que nos planos cósmicos é a Vontade Divina, segue o pensamento, inspira, aviva e torna reais as criações mentais daquele que pensa. Finalmente o pensador é unificado com o Encanto que ele vislumbrou através de suas formas-pensamento autocriadas.

A Gradual Mudança na Atitude

Fica assim claro que meditar é aproximar-se do Supremo que está no interior, e, devido a essa incursão, o mundo interno cresce, fica mais vívido e real, enquanto o externo perde muito de sua influência e realidade. Isso fica bem evidente nos estágios mais avançados de meditação.

Diz *A Voz do Silêncio*: "Porque quando para si mesmo a sua própria forma parece irreal, como o parecem, ao acordar todas as formas vistas em sonhos. Quando deixar de ouvir os muitos, poderá perceber o UNO — o som interior que mata o exterior"[18].

Santa Teresa d'Ávila descreve um fenômeno similar: "Olho para baixo, para o mundo, como se fora de uma grande altura e muito pouco me importa o que dizem ou sabem a meu respeito. Nosso Senhor tornou minha vida agora uma espécie de sonho, pois quase sempre o que vejo parece-me como um sonho, nem tenho grande sensação de prazer ou de dor".

Este é o começo da ida "do irreal para o Real". Nosso corpo nos parece real, nossas emoções nos parecem reais, nosso pensamento nos parece importante, porque ainda não percebemos a Divindade interior. O sábio Shankaracharia diz que assim como os sonhos parecem verdadeiros enquanto a pessoa não desperta, assim a identificação de alguém com o corpo, etc. e a autenticidade das percepções sensoriais e de tudo mais pertencente ao estado de vigília continua, enquanto não houver o "Autoconhecimento".

De fato, uma pessoa se torna progressivamente consciente da alma das coisas em lugar do corpo das coisas e assim ocorre gradativamente uma mudança correspondente dos valores. P. W. Martin, em *Experience in Depth (Expe-*

[18] Editora Teosófica, Brasília, 2012, pp. 89-90. (N.E.)

riência em Profundidade), num relato de seu mergulho nas profundidades de seu subconsciente, diz que, uma vez atingido o Centro, tem lugar uma mudança fundamental na atitude do homem em relação aos acontecimentos externos, ao relacionamento com os outros, às suas fontes de ação e à sua perspectiva final, e que esta mudança não é nem resignação nem otimismo fácil. "É a visão das coisas deste mundo em seu aspecto eterno, do mesmo modo que na forma que aparece externamente.

O homem que tenha encontrado seu caminho para essa visão interior sabe que deve e pode acreditar no processo, desde que sua atitude seja a apropriada".

Jung denomina esta mudança de atitude em relação aos acontecimentos externos como a experiência do *Tao,* cujo espírito é corporificado na expressão de São Paulo: "Todas as coisas trabalham juntas em benefício daqueles que amam a Deus". Encontramos também nas palavras de Jó: "Ainda que ele venha me matar, mesmo assim acreditarei Nele", e na bela frase de Dante no *Paraíso*: "Em Sua Vontade está nossa paz".

O relacionamento com os outros também se altera. A maior parte do contato pessoal é por intermédio da *persona* ou máscara, o que significa nenhum contato. O relacionamento em profundidade é diferente. É um encontro numa "outra dimensão espiritual", nas "coisas que são eternas", do mesmo modo que no mundo externo. Aqui o "ser real" de uma pessoa fala ao "ser real" da outra.

A Ponte entre a Consciência Inferior e Superior

Esta viagem para o interior, ou para cima, como preferirmos descrevê-la, finalmente chega a um ponto em que é construído o *Antahkarana*, a ponte entre a consciência inferior e a superior.

Diz H. P. Blavatsky que a verdadeira mente em nós, que essencialmente é consciência espiritual, não pode entrar em relacionamento direto com a personalidade, exceto através de seu reflexo, a inteligência comum, inferior.

"É, portanto, tarefa do *Manas* inferior, ou personalidade pensante, se ele deve fundir-se com seu Deus, o Ego Divino, dissipar e paralisar os *Tanmātras*, ou propriedades da forma material... Isto é *Kāma-Manas* (pensamento influenciado pela paixão), ou o Eu inferior, o qual, iludido por uma noção de existência independente... torna-se *Ego -ísmo*, o eu egoísta".[19]

Certamente um grande desenvolvimento de "*manas* inferior" muitas vezes fechará as percepções mais elevadas. Diz ela ainda: "Devido ao extraordinário crescimento do intelecto humano e do desenvolvimento em nossa época de *manas* no homem, seu rápido progresso paralisou as percepções espirituais. É à custa da sabedoria que o intelecto geralmente vive". [20].

Essa escadaria ou ponte (não importa a metáfora que preferirmos usar) da consciência inferior ou comum para a consciência superior ou espiritual é descrita por vários vi-

---

[19] *A Doutrina Secreta*, cap. III, Ed. Pensamento, São Paulo. (N.E.)

[20] *A Doutrina Secreta*, cap. III, Ed. Pensamento, São Paulo. (N.E.)

dentes. São Paulo fala do "véu" que será removido quando a vida de Cristo estiver pronta para se manifestar em nós. (II Coríntios, 3 e 4). Ele também fala do muro divino a ser demolido quando a consciência de Cristo surgir em nós. (Efésios, 2.14).

A escadaria é o uso, o desenvolvimento e a purificação progressiva da inteligência. H. P. B. nos diz que, fazendo crescer os estados meditativos, as imagens empregadas vão se tornando cada vez mais simples e mais abrangentes, de modo que a mente ultrapassa completamente as imagens e atinge as chamadas regiões "sem forma", embora, ainda diz ela, sem forma somente para os estados inferiores de consciência.

Em *Luz no Caminho*[21] também é descrita essa escadaria: "Cada homem é para si próprio absolutamente o caminho, a verdade e a vida. Mas isso só se torna real quando ele domina firmemente sua individualidade e, pela força de sua vontade espiritual desperta, reconhece essa individualidade não como sendo ele próprio, mas como algo que com sofrimento criou para seu próprio uso e por meio do qual se propõe, à medida que seu crescimento lentamente desenvolve sua inteligência, a alcançar a vida além da individualidade".

Dr. Alexis Carrel, em seu último livro publicado depois de sua morte, tem coisas de grande importância a dizer sobre aspectos sobrenaturais da vida. Ele afirma que o propósito da evolução da alma tem um objetivo ambicioso e espantoso: "atingir o reino desconhecido que se estende

---

21 Ed. Teosófica, 2011, pp. 52-53. (N.E.)

além da ciência e da filosofia, o reino em cujo limiar o intelecto automaticamente se imobiliza. O espírito se ergue mais pelo sofrimento e desejo do que pelo intelecto; em certo ponto da jornada, ele deixa para trás o intelecto, pois seu peso é demasiado. Ele se reduz à essência da alma que é o amor. Sozinho, no meio da noite escura da razão, ele escapa ao tempo e ao espaço e, pelo processo que os próprios grandes místicos nunca conseguiram descrever, une-se ao inefável substrato das coisas".

Esse caminho nos é destinado desde o começo da evolução. Pois a profunda sabedoria, que pertence ao nosso Eu evolutivo, está esperando a evocação desde a aurora da grande jornada evolutiva. O Senhor Cristo, em Sua prece antes de Seu julgamento e crucificação, fala a Seu Pai sobre a "glória que tive junto de Ti antes que houvesse mundo". São Paulo fala daquele que nos chamou com uma santa vocação... conforme sua própria determinação e graça... antes que o mundo começasse. (II Timóteo, 1.9)

Diz H. P. B. que a semente dessa sabedoria divina foi implantada nas almas nascentes dos homens pelos *Dhyan Choans* no alvorecer da evolução. Ela cita as palavras do velho mestre Aryasangha: "Aquilo que não é nem Espírito nem Matéria, nem Luz nem Trevas, mas é verdadeiramente o receptáculo e raiz de tudo isso... Tu és isso... A Luz-Vida se derrama para baixo pela escadaria dos sete mundos, escadas cujos degraus vão se tornando cada vez mais densos e cada vez mais escuros. É dessa série sete-vezes-sete que és o fiel escalador e espelho, ó homem pequeno! És isto, mas não sabes".[22]

---

[22] *A Doutrina Secreta*, Vol. III, Ed. Pensamento, São Paulo. (N.E.)

Somente o homem, em toda a criação, tem o poder de ficar face a face com Deus, porque tem em si uma fagulha, um germe da Vida Eterna e da Consciência do Universo. "O Princípio que dá a vida mora em nós e fora de nós, é imortal e eternamente beneficente, não é ouvido, não é visto, não é cheirado, mas é percebido pelo homem que deseja a percepção" ("As Três Verdades").

Este Caminho ascensional é também apreciado com grande beleza pelo Mestre K. H. numa carta à Senhora Francisca Arundale: "Filha de sua raça e de seu tempo, apodere-se da caneta de diamante e escreva nas páginas de sua vida uma história de ações nobres, de dias vividos corretamente, de anos de esforço devotado. Assim você abrirá seu caminho sempre para cima, para os planos superiores da consciência espiritual. Não tema, não desanime, seja fiel ao ideal que agora só pode ver vagamente"[23]. Com o progresso lento no caminho, a ideia e a visão vão-se tornando mais claras e mais fortes. O Mestre K. H., numa carta a outra senhora, (no mesmo livro)[24], diz: "Pouco a pouco sua visão ficará clara, você descobrirá que as névoas se dissipam, que suas faculdades interiores se fortalecem, sua atração por nós ganha força e a certeza toma o lugar das dúvidas".

O *Antahkarana*, a "ponte", uma vez formada, permitirá à inteligência transferir-se da mente do pensamento concreto comum para o plano mais elevado, para a mente mais divina. Este é o "Filho de Deus", o espírito de Cristo

---

[23] *Cartas dos Mestres de Sabedoria,* comp. C. Jinarajadasa. Ed. Teosófica, Brasília, 2011, p. 67. (N.E.)

[24] *Ibidem,* p. 146 (N.E.)

em nós. Além está o plano da Consciência Divina universal e eterna, mas, primeiramente, deve-se atingir a consciência de nosso próprio Ego mortal. *Através* dele chegamos a Deus, a Vida Divina. Isto é simbolizado pelo Senhor Cristo quando diz, identificando-se com o Eu Divino em todos os homens: "Eu sou o caminho, a verdade e a vida; nenhum homem chegará ao Pai senão por mim".

Diz H. P. B.: "Nenhum degrau da escada que vai ter ao conhecimento pode ser omitido. Nenhuma personalidade pode atingir ou entrar em comunicação com *Ātma* (Divindade) a não ser através de *Buddhi-Manas* (nossos Egos divinos)".[25]

A Consciência do Eu Superior, uma vez atingida, ilumina e inspira a consciência humana inferior. Certamente é, como foi dito anteriormente, todo o propósito da evolução assim fazer, mas antes que a "Graça de Deus" possa descer e se apossar de nós, devemos, para que isso seja possível, empenhar todos os esforços. A este respeito H. P. B. cita a Cabala: "Todas as criaturas no mundo tem alguém que lhes fica acima. Este superior tem o prazer interior de esparzir sobre elas seus eflúvios, mas não pode fazê-lo enquanto elas não o tenham adorado" (isto é, meditando como se faz no *Yoga*). [26]

A Consciência Espiritual

O que é a consciência do Eu Superior e como pode ser descrita? Na verdade não pode ser descrita com palavras

---

[25] *A Doutrina Secreta,* Vol. III, Ed. Pensamento, São Paulo. (N.E.)

[26] *Ibidem,* Vol. II. (N.E.)

humanas, pois está além do espaço e do tempo. É liberdade, é luz, é amor, é bem-aventurança. Não é um conhecimento intelectual, nem composto puramente de emoção humana, embora os movimentos mais puros do coração lhe estejam mais próximos do que qualquer jogo do intelecto. O Conhecimento espiritual não evolui nem se desenvolve com o conhecimento humano. Ele "nasce" num homem quando a hora é chegada.

A Raça dos Místicos, diz Hermes, os Três Vezes Grande, não é ensinada, mas sua sabedoria é lembrada por Deus quando Ele assim o quer. O mesmo diz Platão.

Nada do mundo, em torno de nós, pode ajudar-nos individualmente a atingir o Conhecimento-Divino. Pois a pessoa comum nada pode fazer. Ela é tão somente o canal da sabedoria e do poder de ajudar infinitamente maiores. "Eu vivo", escreve S. Paulo, "entretanto não Eu, mas Cristo vive em mim". A união com nossa Divindade interior dota a personalidade de uma sabedoria e de um poder muito além de sua capacidade. Thomas Merton, em *Elected Silence (Silêncio Escolhido),* escreve: "Para todos os grandes místicos, sem exceção, o ponto culminante da vida mística é o casamento da alma com Deus, que dá aos santos um poder miraculoso, uma energia serena e incansável no trabalho para Deus e para as almas, que frutifica na santidade de milhares de pessoas e muda o curso das religiões e mesmo da história secular".

Aqueles que eu encontrei, que sentiram e conheceram sua beleza, dizem ser um fluxo de poder além da compreensão que conduz para a felicidade e para o bem todos os seres vivos circundantes; é um sentimento de completa paz em que nada pessoal importa ou tem a possibilidade de perturbar; essa sensação de amor divino enche o coração e transborda para tudo quanto vive; um mundo de espantosa luz se abre ante eles, luz que é bem-aventurança, poder e amor por todas as coisas.

Os primeiros sintomas frequentemente aparecem como a sensação de uma enorme luz interior, de intensa felicidade, de força resplandecente. Santa Teresa d'Ávila assim a descreve: "O brilho de tal visão ultrapassa qualquer coisa que se possa imaginar na Terra... É uma luz completamente diferente da que vemos na Terra. Em comparação com a luz visionária, a radiação do sol que nós vemos parece escura, e é como se nunca mais pudéssemos abrir os olhos".

Quão apropriado é o antiguíssimo *mantra* do Oriente:

> "Do irreal conduz-me ao Real; das trevas, à Luz; da morte, à imortalidade".

No forro de um casaco, usado pelo grande místico Blaise Pascal, foi encontrado um papel no qual estava escrito: "No ano da graça, 1645. Segunda Feira, 23 de novembro, de 10.30 da tarde até 12.30":

> "Fogo!
> Deus de Abraão, Deus de Isaque, Deus de Jacó,
> Não dos filósofos e dos sábios,
> Certeza, alegria, certeza, emoção, visão, alegria,
> Esquecimento do mundo e de tudo que não seja Deus.
> O mundo não Vos conheceu, mas eu Vos conheci.

> Alegria! Alegria! Lágrimas de alegria. Meu Deus,
> Vós me deixareis?
> Nunca permitais que de Vós eu seja separado".

São Paulo também descreve essa consciência. "Se é necessário que me glorie, ainda que não convenha, passarei às visões do Senhor.

Conheci um homem em Cristo[27] que há quatorze anos (se no corpo ou fora do corpo não sei, Deus o sabe) foi levado ao terceiro céu... e ouviu palavras inefáveis, as quais não é lícito ao homem proferir". Digamos "impossível proferir", pois não há termos ou meios de expressão na Terra que possam fielmente transmitir o Inefável. "Você não pode denominar aquilo que não tem nome, oh meu filho!" (Tennyson)

Este é um estado atingido em meditação muito profunda, chamado *samādhi*, no Oriente, e *êxtase*, no Ocidente. Diz-nos Patañjali que o *samādhi* tem profundezas dentro das profundezas, e o mesmo nos diz Ramakrishna, o grande santo indiano. Há *samādhi* com semente e sem semente. Pense que o primeiro significa consciência de nossos Egos divinos, e o segundo, a consciência universal para o qual ele é a porta. No primeiro há uma consciência de "dois", eu e Deus. No segundo, eu desapareci completamente e somente Deus ficou. Nas palavras de Santa Catarina de Gênova: "Meu eu é Deus, nem me conheço separada Dele".

Há as belas palavras de Plotino nos dizendo que poucas vezes na vida atingira tal consciência. "Mas não esta-

---

[27] O próprio S. Paulo - C. C.
II Cor. 12.1-4 (N. T.)

mos sintonizados com a visão, e assim não temos o poder de desenvolver os olhos de nossa mente e olhar a beleza do Bem. Aquele que percebeu Isto não pode perceber outra coisa, nem aquele que olhou para Isto pode olhar para outra coisa, nem ouvir, nem mover qualquer parte do corpo; ele esquece todos os sentidos e movimentos corpóreos, e fica *quieto*. Iluminando então tudo em torno da mente, Ele inunda de luz toda a alma, tirando-a do corpo e transformando o homem todo em puro ser".

"Esteja tranquilo e saiba que sou Deus", canta o salmista; tranquilidade do corpo, tranquilidade das emoções, tranquilidade da mente. Pois nesse silêncio, pode-se ouvir a "voz baixa, tranquila" que falou a Elias. Tranquilidade mesmo do coração: "Eu dormia, mas meu coração velava" *(Cantares de Salomão 5.2)*; o "silêncio no céu" do qual fala o Apocalipse. "Procura pela flor que desabrocha durante o silêncio que segue à tormenta: não antes"[28].

Nenhum homem pode reter sempre esta consciência, não enquanto for homem. "O silêncio pode durar um momento ou prolongar-se por mil anos. Porém, terá fim. No entanto, levarás contigo a força dele. Outra e outra vez a batalha tem que ser travada e ganha".

Para um homem que uma vez experimentou isso, a vida nunca mais será a mesma. Daí em diante sua vida pessoal estará fundida com a do Cristo interior e com a de Deus.

Mas para isso temos que nos preparar. Somente o puro de coração pode "ver a Deus". "Àquele que tem o

[28] *Luz no Caminho*. Ed. Teosófica, Brasília, 2011, p. 60. (N.E.)

coração puro lhe vem também um espírito tranquilo, pensamento concentrado, vitória sobre a sensualidade e uma *aptidão para contemplar o Eu"*. [29]

Diz o angélico Plotino: "Portanto todos devem tornar-se divinos, e de beleza divina antes que possam olhar para um deus e para a Própria Beleza".

Órgãos Físicos da Consciência Espiritual

Há certos órgãos no corpo físico que, quando desenvolvidos, são o meio pelo qual a consciência espiritual e também a conscientização do reino psíquico podem ser trazidos à consciência física. As duas glândulas no cérebro, o corpo pituitário e a glândula pineal, são muito importantes neste aspecto. Durante a vida, o cérebro, com todas as suas câmaras e centros, pulsa com luz. Mediante um esforço espiritual constante isso se intensifica e a luz toma um movimento oscilante. "O arco da pulsação do corpo pituitário eleva-se, mais e mais, até que, qual uma corrente elétrica quando se choca com um objeto sólido, a corrente finalmente atinge a glândula pineal, e o órgão adormecido é despertado e posto a brilhar com o puro Fogo *Akáshico*". Uma vez despertada a glândula pineal, "a luz que se irradia deste sétimo sentido ilumina os campos da infinidade. Por uma pequena fração de tempo o homem se torna onisciente; Passado e Futuro, Espaço e Tempo desaparecem e tornam-se para ele o presente (o Eterno Agora dos filósofos). Se for um Adepto[30], ele armazenará,

---

[29] *A Ciência do Yoga*, I.K. Taimni, 5 ed., 2011. (N.E.)

[30] Mestre de Sabedoria. (N.E.)

em sua memória física, o conhecimento assim adquirido e nada, salvo o crime de se permitir magia negra, pode obliterar essa lembrança. Se for somente um *chela* (discípulo), apenas fragmentos de toda a verdade se imprimirão em sua memória, e ele terá de repetir o processo por muitos anos, nunca deixando que um grão de poeira o macule, mental ou fisicamente."[31]

Portanto a glândula pineal é o órgão físico que traz a consciência espiritual à consciência física, e a glândula pituitária é o órgão que desperta a consciência do plano psíquico circundante. Ela é ligada também com os olhos e com o centro etérico entre as sobrancelhas.

Outros transmissores físicos das impressões interiores são os sete grandes centros, mais ou menos correspondentes aos grandes plexos nervosos, chamados no Oriente *Chakras* ou "Rodas" por causa de seus movimentos de rotação. Eles estão situados na base da espinha, próximo ao baço, na cintura (o familiar plexo solar), no coração, na garganta, entre as sobrancelhas e no topo da cabeça. Todos estes são, quando completamente desenvolvidos, órgãos de visão interior e de resposta. Eles podem ser desenvolvidos, especialmente, por certos meios ocultos, ligados com o estímulo e a direção do "fogo de *Kundalini*", enrolado na base da espinha; mas isso é muito perigoso e doloroso, e, a menos que seja feito sob a direção de um verdadeiro Mestre de Sabedoria, deve ser deixado de lado. Os diversos *Chakras* se desenvolvem natural e lentamente por uma vida espiritual e altruística.

---

31 *A Doutrina Secreta*, Vol. III, Ed. Pensamento, São Paulo. (N.E.)

Há também três canais, para o acesso das forças espirituais na espinha, chamados no Oriente de "alentos vitais". Um sobe em linha reta no centro da espinha e se irradia do grande *Chakra* no topo da cabeça. Este é chamado no Oriente de *Sushumna Nadi*. É acompanhado em cada lado por dois outros, um positivo e outro negativo, de acordo com as forças que veiculam, e chamados respectivamente *Ida* e *Pingala*. Eles se cruzam da maneira representada no símbolo antigo do Caduceu e, finalmente, um penetra no corpo pituitário e outro na glândula pineal. As asas no símbolo indicam a alma livre do homem que aprendeu a despertar e a usar os poderes ocultos. É um fato interessante que as forças positivas e negativas agem em direções opostas nos corpos dos homens e das mulheres.

Pode-se discernir uma sensação de queimadura ou calor em certas partes da espinha. A mesma sensação poderá ser percebida às vezes na vizinhança dos *Chakras*, bem como uma sensação de formigamento, assemelhada, no Oriente, ao "movimento de uma formiga". Um estado de meditação acarreta por vezes uma sensação de calor. Estes pequenos sintomas são indicações de movimento e vida, mas não é necessário que sejam levados muito a sério.

A presença dos três "alentos vitais" na espinha é uma das razões porque a postura de meditação, chamada posição de "Lótus", é a favorita no Oriente. Esta consiste em sentar-se com as pernas cruzadas como se cruzam os braços, descansando assim sobre os ossos pélvicos e deixando a espinha ereta e livre. Isso é às vezes difícil de ser conseguido pelos ocidentais com seus ossos enrijecidos.

Cumpre que se diga aqui uma palavra sobre exercícios respiratórios, chamados *Pranayamas* no Oriente. Esses, mais uma vez, não devem ser feitos por ocidentais, exceto sob a direção de um instrutor, Mestre. Eles, algumas vezes, produzem resultados desastrosos, e põem aqueles que os praticam sob o controle de forças com as quais o aprendiz não está apto a lidar. H. P. B. escreve sobre *Prānāyāma*: "Exercício que os nossos Mestres unanimemente desaprovam". [32]

A respiração comum, completa e profunda, é uma prática excelente, mas não outras formas, tais como aquelas que consistem em reter a respiração, por exemplo. O que há de racional no *Prānāyāma* é a conexão sutil entre a respiração e os estados mentais, como podemos ver por nós mesmos, pois não é coisa fácil pensar claramente numa sala abafada. Em estados profundos de meditação, a respiração se altera naturalmente. Tudo que eu escrevi acima é interessante e espero um tanto útil. Mas os verdadeiros resultados da meditação e da aspiração não param aqui. Para ver o verdadeiro resultado, olhe para trás, depois de um ano de prática, e observe a sensibilidade progressiva para o invisível e para as coisas sutis, o gradual aprofundamento e purificação do caráter, a ampliação da perspectiva, o aumento da resposta simpática e afável às necessidades dos outros e a aurora do sentido de proximidade da Eternidade.

[32] *A Doutrina Secreta,* Vol. III, Ed. Pensamento, São Paulo. (N.E.)

Os Quatro Estados da Consciência

Os estágios crescentes de consciência nessa grande jornada são chamados, em *A Voz do Silêncio,* as Três Salas[33]; e por Shankaracharya, os quatro estados de consciência. Eles muito bem definem os estágios da viagem ao interior.

Os quatro estados de consciência segundo Shankaracharya são assim denominados:

1. *Jagrat,* a consciência em "vigília", o menor e mais altamente concentrado de todos; pertence ao corpo físico.
2. *Svapna,* a consciência em "sonho", separada do corpo e registrada mais ou menos fragmentariamente no cérebro físico na volta ao estado de vigília, como "sonho"; é a consciência no plano psíquico.
3. *Sushupti,* a consciência no "sono profundo", de onde não há imagens de memória ao despertar, mas uma profunda sensação de bem-aventurança; esta consciência pertence ao Eu Superior ou Ego, e está no plano mental superior. Estas três condições levam a:
4. *Turya,* um estado elevado de consciência espiritual, atingido somente na meditação tão profunda que se transforme num transe, quando cessam todas as respostas às coisas externas, e o processo vital do corpo diminui até atingir apenas o ponto

[33] Ed. Teosófica, Brasília, 2012, p. 97. (NE)

necessário para manter a vida; é a consciência nos planos espirituais.

Semelhantes a estes são os Quatro Mundos da Árvore da Vida na Cabala.

Meditação, sono e morte são processos análogos. Certamente, podemos dizer que todos os três usam a mesma porta. No sono, deixamos o corpo e passamos ao mundo interior da alma, chamado "subconsciente" pela psicologia moderna. "No silêncio das horas noturnas, quando nossos sentidos corporais estão bem presos nas cadeias do sono e nossos elementais[34] descansam, a forma astral se liberta... e viaja pelos mundos tanto visíveis quanto invisíveis". *(Isis Sem Véu, I)*. Sempre que se livra das malhas da matéria, o Ego Superior vive sua própria vida separada dentro de sua prisão de barro.

A mesma coisa é verdade para a alma durante a meditação. Ela se retira, consciente e voluntariamente, do mundo externo e entra no mundo interno. Muito tempo antes que seja atingido o estado de meditação mais elevado, podem ser observadas ligeiras mudanças nessa direção. O bater de uma porta, o tique-taque de um relógio, podem ser muito perturbadores para um principiante. Com a prática o relógio não será ouvido, estando a atenção fortemente dirigida para o interior e, consequentemente, sobrevindo um leve adormecimento dos sentidos. Eis a razão de ser bom que se fechem os olhos durante a meditação, para que isso nos ajude a ficar no plano mental.

---

[34] Elementais terrenos. (N.E.).

As Três Salas

Estas são facilmente compreendidas. Se olharmos em torno de nós com os olhos abertos, reagimos a um mundo de numerosos objetos sensoriais.

Esse mundo é chamado em *A Voz do Silêncio* de a Sala da Ignorância, o mundo no qual nosso corpo nasce, vive e morre. Através deste corpo, nosso "uniforme escolar", e todas as suas experiências, a alma aprende e desenvolve seus poderes. Mas há uma coisa a ser notada sobre todos os fenômenos físicos: eles estão num estado de fluxo. A própria palavra fenômeno nos diz isto, pois é grega e significa "aparência". Aqui estamos conscientes apenas da aparência passageira das coisas. Devemos procurar, num mundo interior, o númeno, ou a eterna possibilidade que está por trás.

Diz-nos *A Voz do Silêncio* que, para atravessarmos essa Sala em segurança, é necessário que não nos deixemos enganar pelos fogos da luxúria (desejo egoísta) que aí queimam, como se fossem a luz solar da vida. Ah! Quantas pessoas assim o fazem, por ignorância espiritual. *A Voz do Silêncio* nos recomenda também aprender a discernir entre o evanescente e o eterno. Este é o espírito do discernimento — chamado pelos budistas "a abertura das portas da mente", que é o primeiro passo no Caminho para o Lar. O pensamento e a meditação profundos nos ajudarão nisso. O caminho para o interior é sempre marcado por uma crescente sensibilidade e sutileza de resposta no mecanismo da consciência.

O que vemos quando fechamos nossos olhos? Um mundo interior de pensamentos, imagens de aspiração e desejos, memórias. Invisível aos sentidos físicos, eles tomam forma ao nosso redor. Diz o Mestre numa carta ao Sr. A. P. Sinnett: "... ao ser emitido, todo pensamento do homem passa para o mundo interior, e se torna uma entidade ativa associando-se, ou melhor, amalgamando-se com um elemental, isto é, com uma das forças semi-inteligentes dos reinos. Ele sobrevive como uma inteligência ativa... por um período mais longo ou mais curto, proporcionalmente à intensidade da ação cerebral que o gerou. Assim, um bom pensamento se perpetua como uma força benéfica e um mau pensamento, como um demônio maléfico. O homem está, desta forma, continuamente povoando sua corrente no espaço com um mundo próprio, habitado com o produto de suas fantasias, desejos, impulsos e paixões, uma corrente que atua sobre qualquer organização sensível ou nervosa que aconteça entrar em contato com ela, proporcionalmente à sua intensidade dinâmica. A isto o budista chama seu *Skandha*, e o hindu chama *Karma*. "O Adepto produz essas formas conscientemente; outros homens as produzem inconscientemente"[35].

Esse mundo pode não ser, para muita gente, bem claro e vívido, mas com a prática ele se tornará mais claro e mais vívido. Na meditação é de grande ajuda a posse de um adestrado poder de imaginação e visualização. Porque todos criamos "formas-pensamento" que são fatores extraordinariamente potentes em nossas vidas. Um homem é o que ele pensa, mas a imaginação treinada pode visualizar

[35] *O Mundo Oculto*. Ed. Teosófica, Brasília, 2012, p. 131. (N.E.)

e "ver" aquilo que projeta. Vale a pena incrementar essa faculdade. A "imaginação treinada" está sob o controle da mente e da vontade firme. A imaginação descontrolada é chamada "fantasia" pelo sábio hindu Patañjali. Se alguém duvida do poder da imaginação, lembre-se do famoso exemplo do Dr. Coué. Ele manda que se coloque uma tábua estreita no solo e que se caminhe nela.

Poderia você fazê-lo tão facilmente se a tábua estivesse colocada transversalmente a uma rua e ligando dois arranha-céus?

Em *A Voz do Silêncio,* o primeiro mundo interior é chamado a Sala da Instrução [a segunda sala em *A Voz do Silêncio* (N.E.)]. Não é um mundo pequeno e escassamente povoado. É uma grande região cheia de enorme quantidade de coisas passadas, presentes e futuras. É o mundo do sono e dos sonhos. A psicologia o chamaria de subconsciente.

Esse mundo será conhecido por nós e, aos poucos, compreendido. Nele pensamento, desejo e aspiração são forças criadoras, tomando forma e contorno em nossa imaginação que é *real.*

Sobre a imaginação escreve H. P. B.: "A imaginação age sobre a fé, e ambas são os projetistas que preparam os esboços para a *Vontade* sulcar, mais ou menos profundamente, as rochas de obstáculos e oposição que cobrem o caminho da vida". Ela cita Paracelso, dizendo que "a fé deve confirmar a imaginação, pois a fé estabelece a vontade". Diz ela que a Mente Superior dirige a Vontade; a inferior a torna desejo egoísta. O que segue é um extrato, sobre esse assunto, do *Lúcifer* de outubro de 1887:

"A Vontade é propriedade exclusiva do homem neste nosso plano de consciência. A Vontade o distingue do bruto em quem somente o desejo é ativo".

"Desejo, em seu sentido mais amplo, é a única força criativa do Universo. Neste sentido é indistinguível da Vontade; mas nós, os homens, não conheceremos o desejo sob esta forma enquanto formos apenas homens.

Por conseguinte, Vontade e Desejo são aqui considerados como opostos".

"A Vontade é, assim, o fruto do Divino, Deus no homem; o Desejo é a força motriz da vida animal".

"A maioria dos homens vive no desejo e pelo desejo, confundindo-o com a vontade. Mas aquele que se realiza deve separar vontade do desejo, e fazer de sua vontade o dirigente; porque o desejo é instável e sempre mutável, enquanto a vontade é firme e constante".

"Vontade e desejo são ambos *criadores* absolutos, formando o próprio homem e seu ambiente. Mas a vontade cria inteligentemente e o desejo cega e inconscientemente. O homem, portanto, faz-se na imagem de seus desejos, a menos que, por sua Vontade, ele se crie na semelhança do Divino, o filho da luz".

"Sua tarefa é dupla: despertar a vontade, fortificá-la pelo exercício, fazê-la governante absoluto com sede no corpo e, paralelamente, purificar o desejo".

"Conhecimento e vontade são os instrumentos para a realização desta purificação".

Imaginação e vontade são as forças poderosas, executoras do que no Oriente se chama *Kriyashakti*, ou criação, mesmo fisicamente, por pensamento e vontade.

Consciente ou inconscientemente, nós todos povoamos nossa corrente no espaço com uma hoste de nossas criações mentais. Nesses primeiros planos de nosso mundo interior nos tornamos conscientes do passado enterrado e das tendências menos desejáveis que sobrevivem desse passado. Jung as chama de "sombras".

Em sua forma extrema, isto é chamado no ocultismo de o "Guardião do Umbral".

Também descobriremos, criaremos e usaremos o que Jung chama o "símbolo transformador", e que a religião denomina o Anjo da Guarda. Estas são apenas as personalizações das divinas possibilidades em nosso interior. Entre estes dois opostos, oscila a consciência. O propósito disto é muito interessante: gerar energia, poder. Isso nunca seria gerado em nós, se não tivéssemos nada para resistir, para sobrepujar.

Esta é então, a Sala da Instrução, o mundo psíquico, o mundo do confronto psicológico, do domínio e da compreensão. *A Voz do Silêncio* adverte-nos para sua beleza pérfida, pois neste plano brilhante, radiante (se nos for dado vê-lo) tudo brilha com uma beleza não terrena, mas aqui não se ouve nenhuma *voz verdadeira*, e a beleza enganadora é a fascinação que as formas criadas por nossos próprios desejos de realização – grandemente inconscientes – exercem sobre nós. É o mundo suprassensorial, o mundo de sons e visões enganadores, o mundo dos médiuns.

É bom que se diga aqui uma palavra sobre o desenvolvimento e uso da mediunidade. O estado de "transe" da meditação muito profunda não é de modo algum comparável ao transe de um médium. O transe da meditação é autoabstrato, um estado altamente positivo; no transe de um médium, ele entrega seus veículos a outrem e é um estado completamente passivo. Os estudantes de ocultismo devem se abster das práticas mediúnicas, mesmo a mais comum da escrita automática, ou do uso de *planchette*[36]. Elas não levam a coisa nenhuma, exceto à perda do poder na encarnação seguinte, e deixam a personalidade aberta à posse e influência de muitas entidades irresponsáveis, que são numerosíssimas no vizinho plano psíquico.

Um Adepto ou Mestre da Sabedoria nunca envia uma mensagem através de um médium comum, embora sejam numerosas, nos tempos atuais, as reivindicações neste sentido. Seguramente, mediunidade e ocultismo são polos separados.

A "voz" do Eu Superior é às vezes ouvida no momento psicológico entre o dormir e o acordar, quando a consciência está passando de um estado psíquico para o outro.

É um grande auxílio na meditação, a criação nesse mundo interior de uma forma-pensamento de um Mestre de Sabedoria, do Senhor Cristo, de Shri Krishna. Se fosse perguntado como isso poderia ser feito, posto que ninguém sabe como Ele realmente é, impõe-se a resposta de que isso não tem a mínima importância. Crie a forma-pensamento paciente e lentamente, todos os dias a mesma, como lhe aprouver, semelhante a algum retrato que você conheça e ame. A grande consciência do Mestre, ou nosso Eu Superior, um dia a animará e fará que ela viva. Já notou que

[36] Prancheta em forma de coração usada em sessões mediúnicas. (N.E.)

mesmo a fotografia de alguém muito amado, repetidamente olhada, torna-se viva? Através desta forma a alma do original foi trocada, e a resposta veio. O mesmo é verdade para a forma de um grande Mestre.

A mente constrói a forma no plano psíquico. Feito isso com sucesso e firmeza, o coração começa a responder, e uma onda de amor e adoração é gerada, pois "necessariamente devemos amar o Supremo quando O encontrarmos". Nunca force este sentimento. Por mais que demore, espere pacientemente até que brote em seu coração.

Não há no mundo poder tão purificador, tão nobilitante como o intenso sentimento de autoesquecimento.

A mente e o coração são as duas asas com as quais o homem voa para o céu.

A mente constrói a forma, o coração dá-lhe vida. H. P. B. escreve: "O coração é o rei, o mais importante órgão do corpo do homem... O coração é o centro da consciência espiritual, como o cérebro é o centro da intelectual. Mas esta consciência não pode ser guiada por uma pessoa, nem sua energia dirigida por ela, até que ela se unifique com *Buddhi-Manas*, a contraparte espiritual mais elevada; até então a consciência guia a pessoa, se possível. Daí as pontadas de remorso, as ferroadas da consciência; estas vêm do coração, não da cabeça... O homem psicointelectual está todo na cabeça com suas sete entradas; o homem espiritual está no coração".[37]

Este homem espiritual, centrado no coração, é pintado na técnica oriental como um "homenzinho, do tamanho

[37] *A Doutrina Secreta*, Vol. III, Ed. Pensamento, São Paulo. (N.E.)

de um polegar, sediado no coração". Diz o *Taittiriya Upanishad*: "Aquele que é o espaço brilhante dentro do coração, no qual esse Homem reside, nascido com mente, transcendendo a morte, com brilho inato".

No misticismo grego era representado como uma chama violeta dentro da "câmara do coração". É conveniente lembrar que não se trata do coração físico, mas desse *Chakra* dourado, brilhante, situado entre as omoplatas, mas ligeiramente fora do corpo, e um pouco para a direita. A meditação, às vezes, produz um brilho nele. O mesmo faz uma emoção pura, o que indica atividade no centro resplandecente. Penso que é essa "câmara do coração" que o Senhor Cristo chamou de "cubículo" ou "quarto".

"Tu, porém, quando orares, entra no teu quarto e, fechada a porta, (isto é, deixando de responder a pensamentos exteriores), reze a Teu Pai (nosso Eu Superior é frequentemente chamado nosso "Pai no Céu") que está oculto; e teu Pai que vê o oculto, te recompensará". (resposta visível e tangível).

Santa Teresa, em seu *Caminho da Perfeição,* descreve essa pequena câmara interior nos seguintes termos: "Começa por fixar esta verdade em sua mente, que há em seu interior um palácio de extraordinário esplendor... pois nenhum edifício pode ser comparado em beleza e magnificência com a alma que é pura e cheia de virtudes. No meio deste palácio reside o grande Rei que condescende em ser teu hóspede constante, e aí ele tem seu trono de valor incalculável, e esse trono é teu coração. Mas aqui vem o mais importante de tudo. Nós, de nossa parte, devemos ter a determinação plena e sincera de transferir para Ele, por completo, esse palácio interior. Ele nunca Se dá inteiramente a nós, até que nos tenhamos dado inteiramente a Ele".

S. Inácio de Loyola fez grande uso da imaginação, aconselhando seus discípulos a imaginarem os eventos na vida do Cristo, com eles próprios no meio da multidão que O cercava e, finalmente, deixando que todas as formas se desvanecessem, exceto a da Figura Central.

Uma descrição Oriental, alusiva ao mesmo tema, mas com a característica de brilho e hipérbole peculiares ao Oriente: "Que o aspirante contemple o mar de néctar que há em seu coração. No meio desse mar está uma ilha de pedras preciosas, cuja poeira é de diamantes e rubis.

Em todos os lados da ilha há lindas árvores, carregadas de flores; ao lado dessas árvores, como se fosse uma cerca, uma fila de moitas floridas cujo perfume se espalha em todas as direções".

"No meio deste jardim, deixe o Iogue imaginar, que se eleva uma linda árvore Kalpa com quatro ramos, representando os quatro *Vedas,* e cheia de flores e frutos. Os insetos aí zunem e os pássaros cantam".

"Sob essa árvore, que o aspirante imagine uma rica plataforma de pedras preciosas e, sobre esta, um suntuoso trono marchetado de joias, no qual se senta sua Deidade particular, conforme foi ensinado por seu Guru. Que ele contemple, na forma apropriada, os ornamentos e veículos da Deidade".

Outra comparação é imaginar um jardim adorável, com um centro, como se fosse uma torre de marfim, onde reside uma excelsa consciência que visualiza os mundos.

A Pequena Porta para Deus
No castelo de minha alma
Há uma cancela,
Pela qual, quando eu entro,
Vejo-me na Presença de Deus.
Num momento, ao fluir de um pensamento,
Eu estou onde Deus está.

Quando entro em Deus,
Toda a vida tem um significado.
Meus desgostos não passam de seixos na estrada,
Minhas alegrias são como as sólidas montanhas,
Quando estou Nele, estou no Reino de Deus,
E na Pátria de minha Alma.
(Walter Rauschenbusch)

Ou imagine uma colina, uma floresta, um pequeno templo. Uma mística que eu conheci sempre imaginava um pequeno templo, com ela própria sentada, em meditação, ante seu Senhor. Em torno do templo havia luzes, cada luz representando uma virtude necessária.

Estas formas são criadas em meditação pelo poder da imaginação. São todas autocriadas, mas podem se tornar avenidas de aproximação com o que é mais elevado. Estes são os aspectos mais elevados da Sala da Instrução, o mundo psíquico.

Em *A Voz do Silêncio* é dito que se quisermos atravessar esta Sala em segurança, não devemos parar para inalar o aroma entorpecedor de suas flores.

Nossa divindade, nosso verdadeiro guia reside num plano além. É bom que, se nos tornarmos sensitivos, psíquicos, tomemos cuidado com o que nos é ensinado nesse plano, pois a maioria de nós não está consciente do fato de termos desejos profundos subconscientes, quase desconhecidos por nós próprios.

Se, por exemplo, tivermos um desejo profundo e não revelado de sucesso pessoal, prestígio ou conforto, a forma criada pode ser inspirada por um espírito da natureza que nos dirá aquilo que ansiamos ouvir. Daí a necessidade de encarar, sobrepujar e compreender.

"Não procures o teu Guru nessas regiões *māyāvicas*", diz *A Voz do Silêncio*[38]. Devemos passar à terceira camada de nossa consciência, aquela que corresponde ao "sono profundo", e ao mundo celestial após a morte, chamada a Sala da Sabedoria. Aí são desconhecidas todas as sombras, e aí brilha a Luz da Verdade com sua glória perene. Este é o plano do conhecimento intuitivo, da profunda compreensão espiritual, da eterna expressão das coisas.

À medida que progredimos firmemente na Sala da Instrução, verificamos que nossas imagens-pensamento se firmam e se simplificam. De uma concepção para outra, a consciência se expande e se simplifica. Todas essas ideias e imagens não são a própria Realidade, mas pequenas janelas através das quais vislumbramos a Realidade e através das quais a realidade brilha para nós. Somos verdadeiramente prisioneiros nesta casa do corpo, nada conhecendo do mundo que nos cerca, exceto o que nos é contado através das cinco janelas dos sentidos, de maneira muito incompleta. Das impressões sensoriais formamos conceitos mentais, e eles constituem a claraboia dos mundos superiores. Não

---

[38] Ed. Teosófica, Brasília, 2012, p. 98. (N.E.)

se preocupe com o tamanho e a forma da "janela". Isso não importa. Uma janela é feita não para ser olhada, mas para olhar-se através dela.

Krishnaji disse-me certa ocasião que ele sempre olhava "além do além".

> Que o meu ser possa ter espaço para crescer,
> Que meus olhos possam encontrar os de Deus
> E saber;
> Abrirei grandes janelas, admiráveis janelas,
> Imensuráveis janelas para minha alma.
>
> (Angela Morgan, "Espaço")

Tentemos sempre olhar através de todas as formas, procurando aquilo que é invisível, e ouvindo aquilo que é inaudível. Aos pouco, as janelas vão se alargando, tornando-se mais belas, mais transparentes. Um dia, repentinamente, abandonaremos as janelas e estaremos face a face com todo o céu.

Pois há um nível mais profundo da consciência pertencente ao verdadeiro lar do Espírito no homem "onde a Verdade habita em toda sua plenitude". Dessa consciência em "sono profundo", nenhuma imagem é trazida de volta para a consciência desperta, mas apenas um sentimento de intensa e inimaginável paz e bem-aventurança. É o plano do mundo celestial após a morte, é o plano da beleza e da pureza divinas, mas veladas pelas mais brilhantes imagens, as mais "lindas formas" de todas que a consciência pessoal conheceu e, com pureza, amou. Podemos pensar melhor nesse plano como Luz, Amor e Vida inimagináveis, insondáveis. Mais uma vez cito Hermes Trimegisto: "Uma coisa como essa não é ensinada, meu filho, mas quando Lhe aprouver, Deus lembrará... Retire-se em si mesmo e isso acontecerá.

Deseje ardentemente conhecê-Lo e Ele virá. Tranquilize todos os seus sentidos, livre-se das tormentas irracionais... e a divindade virá a nascer". O Amor Divino é um estado de ser que aparece quando as atividades do eu tiverem cessado.

A forma de oração referente a esse estado consiste num soerguimento da alma sem palavras e sem imagens — "desataviada prece dirigida a Deus", como mencionado em *The Cloud of Unknowing* (*A Nuvem do Incognoscível)*. Pois é por este meio que a "dimensão espiritual diferente" vem a se manifestar, interpenetrando, transcendendo o mundo espaço-tempo e causa-efeito no qual nossos corpos existem. (Usei aqui frequentemente as esplêndidas palavras de P. W.). Martin, em *Experiment in Depth* (*Experiência em Profundidade)*.

Quarto Estágio — *Turiya*

Há ainda um quarto estágio, outra "Sala", alcançado somente por uns poucos de nós, os Santos e os Iogues, um estado de consciência espiritual elevado, atingível na condição de *Samadhi* ou Êxtase e chamado pelos Santos o Caminho de União com Deus. Neste estado Santa Teresa e Santa Catarina de Siena "conversaram com Deus". Mas quem pode ao menos vislumbrar isso, mesmo com o auxílio de nossa pobre imaginação, pois as visões e os sons da

Terra nunca podem traduzir as imensuráveis glórias dos mundos espirituais.

Em *A Voz do Silêncio* é chamado "as águas sem praias de *Akshra*, a fonte indestrutível da onisciência"[39].

Esta é a estrada longa, muito longa do irreal para o Real, do sempre transitório para o sempre Permanente, das trevas da Sala da Ignorância para a plena glória da Luz; da longa morte da cegueira da vida material para a consciência da Imortalidade. Que estrada, mas quão gloriosa e admirável! Com que paciência, perseverança, dedicação, deve um homem trilhá-la, mesmo através de muitas vidas e mortes. O mundo em cujo coração a ânsia de vencê-la despertou, por tênue que seja, tentará encontrá-la mais e mais vezes. Este é o verdadeiro instinto religioso, o instinto do exilado em busca do lar, o Espírito divino no homem. E a promessa é sempre verdadeira, que um dia o homem seguramente encontrará o caminho e o seguirá, pois, "de qualquer modo, o rio fatigado encontrará com segurança a direção do mar".

A voz do nosso Eu divino está sempre nos chamando, se tivermos ouvidos para ouvir. "Venha, meu outro eu", parece dizer, "para a terra da beleza, da sabedoria, do poder e da paz". Pois aquilo que é incriado reside em todos nós como reside lá. Desde o começo, um fio de luz do nosso Eu divino nos guia sempre para mais perto. "A luz que vem do Mestre, a imperecível luz dourada do Espírito, projeta, desde o princípio, seus feixes fulgurantes sobre o discípulo. Seus raios penetram as grossas e escuras nuvens

[39] Ed. Teosófica, Brasília, 2012, p. 98-99. (N.E.)

da matéria". Em nossos melhores e mais belos momentos, vislumbramos esse refúgio de nossas almas.

> Assim, numa estação de tempo calmo
> Por mais longe que estejamos do litoral,
> Nossas almas têm a visão desse mar imortal
> Que nos trouxe até aqui.[40]

Mas vale a pena tentar, ao menos, começar a jornada. Escreve Dr. Alexis Carrel: "Para fazer o espírito de alguém crescer, não é necessário ser letrado, ou possuir grande intelecto; tudo quanto é necessário é a vontade". Ah! Não há automóveis que nos levem ao céu, e não há atalhos. Nós mesmos devemos trilhar o Caminho, devemos fazê-lo nós próprios. Isso exige perseverança, fé, amor e vontade sem fim. "Será que a estrada sobe durante todo o percurso? Sim, até o fim". (Cristina Rosssetti)

Escreve Dr. Carrel: "Um ser humano tem o estranho privilégio de poder moldar o seu corpo e sua alma se assim desejar, com o auxílio de sua própria alma. Alguém pode aprender a se dirigir como aprende a dirigir um aeroplano". Então ele pergunta: "O que a vida, tal como pode ser vivida, nos dará em troca de nossa indolência, de nossos apetites? No princípio nos trará esforço, sacrifício e sofrimento, como qualquer disciplina com o propósito de treinar a mente, os órgãos e os músculos.

Mais tarde nos dará algo de valor inestimável; algo que sempre será negado àqueles que vivem para o prazer, proveito ou diversão. Esta alegria indefinível, peculiar, que

---

[40] Wordsworth, *Ode on Intimations of Immortality*. (*Ode do Anúncio da Imortalidade*).

uma pessoa sente quando compreende, é o sinal com o qual a vida marca seu momento de triunfo; o momento quando nossas atividades física e mental atingem o fim prescrito pela ordem das coisas".

E ele nos diz que naqueles que se mantiverem fiéis a esse propósito durante toda sua vida, o espírito continuará a se erguer até o fim.

Capítulo 9

O método

Procedimento na Prática da Meditação

Esboços de procedimento e meditação para uso do principiante são como as linhas no aprendizado da caligrafia, ou exercícios dos cinco dedos quando alguém aprende a tocar piano. Chega um tempo em que a consciência escapa e transcende tais linhas que servem de guia e voa diretamente para o coração das coisas.

Primeiro Passo: Mental

Começamos com nossa mente comum. Citando A *Voz do Silêncio*, podemos agora dizer: "Oh! Mestre, o que farei para atingir a sabedoria? Oh! sábio, o que farei para ganhar a perfeição?" E a resposta é: "Procure os caminhos". Este é o mesmo conselho dado por P. W. Martins em *Experiment in Depth (Experiência em Profundidade).* Tendo o autor descrito como ele descobriu e trilhou essa estrada por métodos autoanalíticos, recomenda-nos procurar nas escrituras, quaisquer que sejam, pois os homens que as escreveram conheciam aquilo sobre o que escreviam.

Assim comece por pensar em profundidade sobre alguma afirmativa da escritura. Se desejar, faça somente isso por algum tempo, antes de tentar a verdadeira meditação. "Pondere" sobre essas coisas, como fazia a Mãe de Nosso Senhor, que guardava todas as coisas que não compreendia completamente e "ponderava-as em seu coração". "Pondera sobre a vereda de teus pés, e que todos os teus caminhos sejam retos". (Prov. 4.26) Essa concentração intelectual, que resulta no controle da mente, e na aptidão para pensar claramente e apenas naquilo que desejamos, é a melhor preliminar para o aprendizado da meditação. Além do mais, isso afina a mente e torna-a mais pronta a pensar em objetos mais elevados de pensamento. Assim, por muito tempo, até que a mente desperta e afinada com a alma corra diretamente para o objetivo, comece um período de meditação com uma "ponderação" longa e profunda sobre algum pensamento de valor.

A meditação passa desta concentração preliminar do pensamento sobre algum dito para a ideia, o "sentimento", a vida, o significado espiritual que está por trás.

Segundo Passo: O Desenvolvimento do Caráter

Por um pensamento honesto e firme, e pela observação dos efeitos de nossas palavras e ações sobre os outros, podemos todos descobrir os pontos fracos e falhas sérias em nosso próprio caráter. O caráter é a rubrica de nossas almas. O desenvolvimento de nosso caráter está em nossas próprias mãos. A vida está fazendo o melhor possível neste sentido, mas nós podemos fazer muito para ajudá-la. Não tenha nenhum orgulho tolo disso.

Somos todos, por enquanto, seres incompletos, e é bom, para nossa própria felicidade e o bem-estar dos outros, que façamos as coisas corretamente, tanto quanto tenhamos o poder de ver e a vontade de agir. Tendo decidido qual é uma de suas maiores falhas, empregue um pouco de tempo na meditação matinal visualizando o exato oposto, quais são os meios e como corrigi-la em nossa vida. Faça isso por semanas antes de tomar outra falta. Nossas virtudes e vícios são tão intimamente ligados que, ao lidar com um, lidamos com vários outros. Um magnífico artigo, *The Treasures of Meditation* (*Os Tesouros da Meditação*), do Dr. W. E. Sangster, um famoso pastor metodista, no *Reader's Digest* de outubro de 1956, trata muito apropriadamente desta forma de pensar. O autor chama meditação de "pensamento direto", um exercício espiritual consistindo de reflexão profunda e contínua, e não de vago "sonho acordado": "Deve-se aprender a examinar mentalmente um tema sob todos os seus aspectos". Ele pensou sobre "humildade" e verificou que significa uma ausência de orgulho ou autoafirmação, tornando um homem mais desejoso de ouvir do que de falar, mais ansioso de admirar do que de criticar. Meditando, diz ele, "tenha esse conceito claro em sua mente e o agasalhe em seu coração. Um principiante deve estar apto a retê-lo por apenas um minuto — mas minutos podem fazer milagres, quando repetidos com frequência... Terminando, verifico que a humildade é simplesmente a verdade, pois somente os espiritualmente cegos são autoimportantes".

Terceiro Passo: A Entrega a Deus

Esse é o passo seguinte. "Ergam seus corações". Essa Vida Divina, esse Amor Divino, essa Mente Eterna, estão em torno de nós e dentro de nós, estendendo-se além das fronteiras ilimitadas do espaço sem praia. E, entretanto, Ele está ilimitadamente além. "Tendo impregnado todo o universo com um fragmento de Mim Próprio, Eu permaneço" *(Bhagavad Gita)*. Não há lugar em que Deus não esteja, não há lugar em que possamos caminhar fora de Seu Amor e Cuidado. "Antes que tivesses criado os montes e formado a Terra e o Mundo, mesmo de eternidade a eternidade, tu és Deus". *(Salmos, 90.2)*. O mesmo é verdade quanto ao Tempo.

Há três termos metafísicos que descrevem bem a Vida Eterna:

> *Luz*: "Deus é Luz, e Nele não há treva nenhuma". (I, João, 1.5). A Luz que ilumina todos os homens que vêm ao mundo.
>
> *Amor*: "Deus é Amor" (I João 4.8). "O Deus eterno é a tua habitação e por baixo de ti estende os braços eternos". (Deuteronômio, 33.27).
>
> *Vida:* "Nele vivemos, nos movemos, e existimos" (Atos, 17.28). Pense na Beleza e Grandiosidade de Deus, a Vida Divina e Eterna, tanto em torno de nós como em nós, e na nossa unidade resultante.

Pare de pensar em suas consequências e, com o coração e a mente elevados, olhe o empíreo, estenda para cima os braços de sua alma, como uma criança voltando para seu Pai-Mãe, e conserve-se tranquilo, desejando responder, atender ao Senhor. O primeiro sinal de uma resposta frequentemente vem como um sorriso divino e a alma daquele que medita também sorri em resposta.

Quarto Passo: O Eu Superior

Imagine esse seu lado superior que "nunca deixou o coração do Pai", essa fagulha da Vida Divina que sempre brilha como a Estrela do seu ser. Ela nunca abandonou o Jardim do Éden, mas enviou seu representante aqui para lentamente colher o fruto da verdadeira vida e do verdadeiro viver. Ele está, portanto, ligado conosco. Um Raio de sua vida está sempre conosco, a verdadeira fonte de tudo que é belo e bom em nós. "Tudo é passageiro no homem, exceto a essência pura e brilhante de *Alaya* (a fagulha do Divino em nós). O homem é seu raio cristalino; no interior, um feixe de luz imaculada, e na superfície inferior, uma forma de material argiloso. Esse jato de luz é o guia de sua vida e o seu verdadeiro Eu, o Vigilante e o Pensador silencioso, a vítima do seu Eu inferior. A alma não pode ser ferida, senão através do teu corpo que falha" *(A Voz do Silêncio)*. Devemos nos lembrar de que mesmo nosso corpo é "o templo de Deus, e de que o Espírito de Deus habita em nós". (I Coríntios, 3.16).

Esse fio de ouro nos guiará de volta até àquele mesmo Eu divino após a morte. "Em cada um de nós esse fio de Vida continua – periodicamente rompido em ciclos ativo e passivo de existência sensorial na Terra, e supersensorial no *Devachan* — existe desde o começo de nosso aparecimento nesta Terra. É o *Sūtrātma*[41], o fio luminoso da nossa Mônada *impessoal* e imortal, que liga as "vidas" terrenas ou Egos evanescentes como se fossem muitas contas, segundo a bela expressão da Filosofia Vedântica"[42]

Quando nossas aspirações se dirigem a Ele, o *Sūtrātma* brilha, resplandece e se expande. Se nos aproximarmos do Céu, o Céu se aproximará de nós, pois esse Eu Superior está bastante ansioso para se derramar no seu representante inferior, para iluminar e trabalhar através dele. É o "Anjo" no homem, a "pérola de alto preço", o "Cristo em você, a esperança de glória". *Em Luz no Caminho* ele é chamado de a Estrela de nossas almas e diz que, "Quando houveres encontrado o começo do caminho, a estrela da tua alma mostrará a sua luz".

Como foi dito anteriormente, no momento da mais elevada aspiração, quando a mente e o coração não podem subir mais, espere, detenha-se nesse momento, tentando manter-se aí, mesmo que todas as imagens se desvaneçam e sobrevenha um erguimento cego e sem palavras do coração até Deus. "Firmemente, à medida que você vigia e adora, sua luz se torna mais forte...

E quando você tiver encontrado o fim, sua luz subitamente tornar-se-á a luz infinita". Pois nossos eus mais divinos são a porta para Deus. "Descanse no Senhor, e espere pacientemente por ele" (Salmos 37.7).

---

[41] Palavra sânscrita que significa: um estado intermediário entre duas vidas terrestres... Em linguagem teosófica, céu ou mansão de bem-aventurança, e literalmente traduzido significa: morada resplandecente ou mansão dos Deuses. Glossário Teosófico, Ed Gound, São Paulo, 1995, p. 138. (N.E.)

[42] *A Doutrina Secreta*, Vol. II, Ed. Pensamento, São Paulo. (N.E.)

Há certos sinais que às vezes chegam — um sorriso divino, uma sensação de luz e alegria. Mas se não estivermos atentos ao Senhor, não Lhe daremos tempo para se inclinar sobre nós.

Mas lembre-se de que o Eu Superior não é afetado por qualquer coisa que aconteça ao nosso eu pessoal, nem está interessado em ambições pessoais, objetivos e diversões. Ele é um com o Todo. Como pode ele ser pessoal, ou pôr a personalidade em primeiro lugar? E assim nos diz *A Voz do Silêncio* "para procurar no impessoal o Homem Eterno". Mas o impessoal não é uma qualidade fria, abstrata. É o Amor Puro, porque não é manchado pelo eu. É de sua própria natureza se derramar em tudo que é bom, encanto e compaixão.

A Vida Divina é nosso "Pai"; a fagulha ou a chama dela em nossos corações é o "Espírito Santo", o Espírito da Verdade, o Confortador, que significa aquele que traz a força; o homem plenamente iluminado, o Mestre de Sabedoria, nosso Irmão Mais Velho, o Elo entre Deus e o homem, é o "Filho" a quem adoramos como tendo sido feito homem. O "Mestre" revela-nos a humanidade de Deus e também a Divindade do homem. O próximo passo é visualizá-Lo.

Quinto Passo: A Realização do Gurudeva (Mestre Divino)

Há alguém em quem tudo isso está perfeitamente desenvolvido, Alguém pertencente à corporação dos Homens Perfeitos que nos precederam no Caminho. Sua compaixão e Seu auxílio estão sempre prontos para nós, mas Eles nos ajudam mais pelo que são do que resolvendo para nós os nossos problemas e dificuldades. Esses problemas e dificuldades são de *nossa* competência, *nossa* tarefa na Escola da Vida. Nós crescemos para a sabedoria e beleza por *nossos* esforços, como crescem as flores. O jardineiro não pode fazer com que a flor desabroche. Ela cresce pelo próprio instinto, "sequiosa, ansiosa de abrir sua alma para o ar". Tudo ao nosso redor e no nosso interior é Amor, Beleza e Sabedoria de Deus. Esforcemo-nos entusiasticamente para ir em frente, a fim de nos abrirmos à Luz e ao Amor do universo, como a sagrada flor de lótus, crescendo para cima, saindo da treva da terra e da água, abre seu coração para o sol. "Esperemos pacientemente pelo dia de nosso verdadeiro, de nosso melhor nascimento," escreve H.P.B.

Imagine o Homem Perfeito na "mais bela forma" que lhe agradar. Conserve-a sempre a mesma. Olhe firmemente para uma pintura do Senhor Cristo, ou de um grande Mestre que você possa reverenciar, e, fechando os olhos, tente reproduzi-la. Para aqueles que têm dificuldade de visualizar, a seguinte prática, recomendada por um sábio oriental, pode ajudar.

"Quando você meditar sobre o Senhor Krishna, no princípio ponha Seu retrato em sua frente. Olhe-o com o olhar fixo. Veja Seus pés primeiramente, depois a veste de seda amarela, então os ornamentos em torno de seu pescoço, Sua face, brincos, coroa na cabeça incrustada com diamantes, Seus braceletes, Sua concha, disco, bastão e lótus. Aí então volte aos pés. Agora recomece o mesmo processo. Faça isso repetidamente por meia hora. Quando se sentir cansado, olhe firmemente somente para a face. Pratique por três meses. Após o que feche os olhos e, mentalmente, visualize o retrato percorrendo as diferentes partes, como fez antes.

"Durante sua meditação, você pode associar os atributos de Deus, tais como onipotência, pureza, perfeição, etc.".

Ou podemos pensar nas grandes características do Mestre, como a força de Seu poder, Seu propósito nunca desviado, Sua paciência sem fim, Sua vontade permanente, Sua simpatia eterna, Sua sabedoria universal e Seu amor sem limites. (Esta última meditação sobre os atributos do Mestre é dada aqui graças à permissão da Sra. Josephine Ransom).

O Mestre é o aspecto personalizado da Deidade, alguém por cujo intermédio brilha a Beleza de Deus de maneira perfeita, aquilo que no Oriente se chama *Ishtadeva*. É mais fácil imaginar Deus sob a forma humana do que de uma abstração.

Com a luz astral, que está ao nosso redor, construa uma bela forma, e imagine-se de joelhos, ou sentado em meditação diante Dele.

Fale-Lhe sobre suas mais elevadas aspirações. Se o amor despertar em seu coração, deixe que flua para os pés Dele com ardor natural, sem restrições.

Espere, então, com toda a atenção de sua alma fixada Nele. Pode ser que um dia, um sorriso ou uma vibração passe à sua consciência através dessa imagem, pois a grande consciência de um Mestre de Sabedoria está, sem dúvida, atenta aos fracos esforços do aspirante. O Mestre K.

H. uma vez escreveu ao Sr. Sinnett. "Posso aproximar-me de você, mas você deve puxar-me, tendo um coração purificado e um rápido desenvolvimento da Vontade". Fique tranquilo com a atenção fixada Nele. Ofereça-se a Ele sem reservas, aspirando a tornar-se um de Seus trabalhadores entre os homens, por amor aos homens e a Ele.

O Último Passo

Resplandecente de amor, respondendo à Luz, desejaríamos certamente passá-la a outros, irradiá-la especialmente àqueles a quem amamos ou gostaríamos de ajudar. Em imaginação coloque-os nessa Luz. Rogue que a benção do Mestre e de Deus os cubra. Imagine então o esplendor e a benção inundando o mundo todo e de todos os lados. Encha sua aura com a luz rósea do amor e expanda-a tão longe quanto possível. Pense e *sinta* paz, alegria, bem-aventurança para todos os seres e toda a vida.

A Volta

Antes de voltar à vida rotineira, abra os olhos e descanse um pouco. O seu ser total foi elevadamente afinado e, às vezes, uma volta demasiadamente brusca produz um ligeiro choque. Este é o verdadeiro significado de se isolar numa montanha para orar.

O "monte" é a crescente tensão interior à medida que os veículos da consciência vão aprendendo, cada vez mais, a responder aos estímulos mais sutis e mais refinados. Deixe que eles se afinem, num tom um pouco mais baixo, antes de retomar a vida.

Esta é a disciplina matinal que estabelece o ritmo que persiste o dia inteiro. É isso demasiadamente difícil, demasiadamente cansativo, demasiadamente forte para alguns de meus irmãos que me estão lendo? Se assim for, gaste ainda que sejam cinco minutos com olhos abertos, pensando sobre alguma afirmativa verdadeira e bela, algum problema ou dever em sua vida. Use o coração, com a confiança de quem ama ao Eterno Amor, o Pai de todos nós; pense no Senhor Cristo como um querido e compreensivo Irmão Mais Velho. Mas nunca deixe passar um dia sem que você, ainda que em pequena medida, entre em contato com seu Eu Superior, o Divino, e através dele com a Vida Eterna do universo.

Permita-me citar aqui as sábias palavras de Dean Inge: "Sem oração não pode haver religião... Um soerguimento da alma a Deus; eis um aspecto da oração; e outro aspecto é uma descida do Espírito de Deus na alma humana...

A oração nasce de estados opostos da mente, a sensação de alienação do Poder invisível que nos cerca, e o desejo de comunhão com ele. Desejamos abrir nossa mente e coração de modo que Ele possa enchê-los. No lado voltado para Deus, as muralhas da personalidade estão sempre abertas. Deus nos redime e nos salva, repartindo-Se conosco, mudando nossas vontades, iluminando nossa compreensão e acelerando nosso afeto.

A alma cresce e se expande num regime de oração, como o corpo com o exercício e a boa alimentação. Enquanto a vida da *psyche* parece ser puramente individual, a da *pneuma* parece ser supra individual. 'A oração é a elevação da mente (ou alma) a Deus'. Não se satisfaça com uma definição mais estreita".

São necessárias duas outras coisas: estudo profundo para o desenvolvimento da mente e do corpo mental, e um conhecimento crescente de si próprio por meio do qual se pode aprender a compreender os outros.

Estudo

Ninguém pode trilhar o Caminho de Casa sem uma inteligência clara e espiritualizada. Inteligência não é a mesma coisa que intelecto. O intelecto significa mente lógica e bem equipada; inteligência é um *poder,* em treinamento oculto, como foi dito antes, tendo por objetivo o desenvolvimento da *faculdade* em lugar do acúmulo de fatos. Por conseguinte, escolha para estudo um livro que faça *pensar,* e não apenas um que seja de fácil leitura. O método de estudo foi descrito na noção sobre "O Treinamento da Mente" (Capítulo VI). Isso fará que o pensador seja claro e conciso em sua expressão, e também desenvolverá a intuição, ou como "A Escada de Ouro" diz "uma percepção espiritual sem véu".

Estude também as modernas tendências mundiais. Pois os Mestres de Sabedoria estão intensamente preocupados com os problemas do despertar da humanidade toda, em segurança, na aurora da Idade de Aquário. *Sir* Francis Bacon disse em sua mocidade: "Considerei todo conhecimento como pertencente à minha área". O aspirante pode muito bem dizer: "Assumi toda a humanidade como pertencendo à minha esfera de interesse e serviço".

Autoconhecimento

No topo de um Templo na antiga Grécia estavam escritas as seguintes palavras: "Homem, conhece-te e conhecerás o universo e Deus". Se pudermos aprender a controlar e guiar a nós próprios, temos a chave para a compreensão e o auxílio de todos os outros, pois somos da mesma natureza sob nossas peles. Em consequência, todas as escolas de pensamento sempre recomendaram que o aspirante tivesse diariamente um tempo em que examinasse seu dia e seus atos, especialmente seus atos em relação aos outros. Benjamin Franklin, todos os dias, revia sua vida, com especial atenção para a virtude que estava praticando na semana.

A maioria de nós conhece muito pouco sobre si mesmo, e muita gente ficaria completamente atônita se pudesse se ver claramente. Mas o futuro ocultista deve aprender a fazer isso, de maneira absolutamente desapaixonada, sem reprimenda ou elogio, aprendendo a conhecer a "natureza humana" e o que a faz agir.

O ocultista é um superpsicólogo. Ele tem um coração compreensivo, e o maior livro que ele estuda é o grande Livro da Vida. O autoexame é melhor quando feito regularmente uma vez por dia, ou uma vez por semana — notando: 1. O tipo de pensamentos; 2. Desejos e motivos; 3. Palavras e ações (eram elas verdadeiras, necessárias, amáveis?);

4. Os problemas e acontecimentos de nosso ambiente e sua lição para nós e o desenvolvimento de nossas almas, aumentando nossa capacidade de resistência e de resolução, nosso poder de decisão, nossa aptidão espontânea para sacrificar nosso próprio conforto, prazer, sucesso, para o bem-estar dos outros.

Não é necessário que "mergulhemos em generosidades" ou que sejamos fracos cedendo aos outros em todas as ocasiões. Quando alguma coisa é correta e nós o sabemos, não devemos nos curvar ante as objeções, opiniões e os desejos dos outros. Se estivermos gentilmente, ainda que firmemente determinados, as pessoas, em sua maioria, cederão sem rancor. O sacrifício da vontade de nosso *eu* é agradável a Deus, mas não o sacrifício devido à fraqueza de nossa vontade de fazer o bem.

Há sempre algo que devemos evitar no hábito da autoanálise e do autoexame. Nunca devemos permitir que nos tornemos autocentrados ou desenvolvamos a fraqueza eclesiástica dos "escrúpulos". Vem aqui em nosso auxílio o robusto bom-senso da grande Teresa. Ela escreve: "É uma grande graça de Deus praticar-se o autoexame; mas fazê-lo em demasia é tão ruim quanto fazê-lo pouco, como se diz. Acredite-me, com o auxílio de Deus, avançaremos mais contemplando a Divindade do que fixando nossos olhos em nós mesmos".

Eis por que devemos aprender a olhar-nos com a serenidade de um completo estranho, e nunca sermos levado à ansiedade e ao remorso. Tanto a ansiedade quanto o remorso são sérios desperdícios de energia.

Na ansiedade há um vazamento de força jorrando para o futuro; no remorso é para o passado, e assim a personalidade é esvaziada no presente. O egoísmo é a verdadeira raiz de ambos. Assim diz uma escritura antiga: "Nunca fique pesaroso, não lamente coisa alguma, mas corte todas as dúvidas com a espada do conhecimento". Posso assegurar aos meus leitores que, se por um instante alguém puder vir a ser o Eu Mais Elevado, Radiante e Impessoal, a ansiedade, o remorso e a indecisão desaparecerão como desaparece a névoa ante o sol matinal.

O Dr. Rudolf Steiner disse algumas palavras sobre esse assunto em seu livro, *An Outline of Ocult Science* (*Um Esboço de Ciência Oculta*): "Qualquer pessoa que tenha adquirido o hábito de penetrar com frequência na quietude de sua própria alma, e que, em vez de se preocupar consigo mesma, empregue esse tempo na transformação e organização das experiências que tenha tido na vida, lucrará muito. Pois perceberá que os pensamentos e os sentimentos se tornam mais ricos se trazidos à conexão mútua através das experiências da vida. A pessoa se tornará consciente da quantidade de novos conhecimentos, não apenas através de novas impressões e novas experiências, mas também fazendo que as antigas sejam assimiladas em seu interior".

"Aquele que está apto a pôr para trabalhar e a ponderar o valor da experiência — mesmo as opiniões que possa ter formado — fazendo isso de tal maneira que exclua a si próprio, juntamente com suas simpatias e antipatias, seus interesses pessoais, e seus sentimentos, é certo que estará fazendo grande parte do preparo do terreno para o conhecimento da qualidade supersensível, e estará, na verdade, cultivando o que pode ser chamado de uma vida interior mais rica".

Enorme quantidade de sabedoria e poder estão no viver somente um minuto de cada vez, esquecendo o passado, e nunca fazendo cálculos para o futuro. Experimente. A felicidade e o poder que imediatamente inspiram a personalidade são quase inacreditáveis. Uma escritura sânscrita contém um bonito hino chamado "Saudação da Aurora":

> Olhe para este dia, ele é vida,
> Seu curto intervalo contém todas as verdades
> E Realidades de sua existência;
> A Bem-Aventurança do Crescimento,
> A Glória da Ação,
> O Esplendor da Beleza.
> Ontem não passa de um sonho,
> Amanhã é apenas uma visão,
> Mas o hoje bem vivido faz
> O ontem parecer um sonho de felicidade
> E o amanhã uma Visão de Esperança.
> Portanto, olhe bem para este Dia,
> Esta é a Saudação da Aurora.
>
> (Autor desconhecido)

O poeta Goethe disse que toda manhã era para ele o começo de uma nova vida. Quanta sabedoria!

Estabeleça um objetivo — um objetivo espiritual — e conserve-se fiel a ele ano após ano. Estamos, nas palavras do velho hino, "a um dia de marcha mais próximos de casa". A vida é sempre nossa amiga, e a morte, como uma grande e adorável amiga, traz às nossas almas cansadas o bendito analgésico da paz e do amor. "Fê-lo muito bem, bom e fiel servo", diz nosso divino Eu à sua representação inferior, "entre na alegria (realmente no 'brilho', na 'radiação') de seu Senhor".

Um resultado de nos contermos, de estarmos aptos a nos disciplinar e a nos dizer não, é o crescimento da dignidade e do equilíbrio e daí o respeito dos outros, embora este não seja o principal objetivo. O homem espiritual, honesto e verdadeiro não alimenta seu orgulho pessoal. Ele está sempre pronto a reconhecer suas falhas e repará-las se possível, mesmo que isso lhe custe a maior humilhação e a maior dor. Ressentimento e disfarce não pertencem à vida espiritual.

Tudo isto está resumido nas belas palavras de *Luz no Caminho:* "Antes que os olhos possam ver, devem ser incapazes de lágrimas (de autocomiseração)... Antes que a alma possa estar na presença dos Mestres, seus pés devem ser lavados com sangue do coração"[43].

O maior dos bens que temos na vida é a integridade, a iluminação de nosso próprio caráter. Sua qualidade e progresso não somente tornam nossa vida importante e inspiradora, mas são também, por irradiação, o maior de nossos dons ao nosso ambiente e ao nosso próximo. "O que você é", escreve Ralph Waldo Emerson, "fala-me tão alto que não posso ouvir o que você *diz*."

A vida está, lentamente, desenvolvendo todos nós. Todos os acontecimentos estruturam-se na direção do objetivo glorioso de nossa existência. "*Karma*" é Vontade de Deus, a

---

[43] Editora Teosófica, Brasília, 2011, pp. 31-32. (N.E.)

Vontade do bem em ação, levando-nos ao adorável e longínquo acontecimento para o qual todo nosso ser se dirige.

O Dr. Alexis Carrel tem algo muito pertinente a nos dizer aqui: "As pessoas devem se acostumar a distinguir entre a luz e as trevas. Depois então devem se impor o dever de evitar o mal e fazer o bem... O caminho mais eficiente para se viver razoavelmente é formular, todas as manhãs, um plano para o dia e, todas as noites, examinar os resultados obtidos... Devemos planejar com antecedência que auxílio poderemos dar aos outros, como desencorajar o rancor e a malícia em nosso meio, como combater nosso próprio egoísmo e nossa grosseria, e como dominar nossa tendência à superindulgência... E do mesmo modo como um negociante mantém seus livros contábeis, assim todo indivíduo deve contabilizar todos os dias o bem e o mal que sejam de sua responsabilidade. Acima de tudo ele deve registrar o quanto de alegria e tristeza, ansiedade ou paz, ódio ou amor tenha dado à sua família e aos seus vizinhos. É pela paciente aplicação dessas técnicas que a transformação de nossos corpos e almas irão gradualmente se tornando uma realidade... Devemos observar até onde conseguimos levar nosso programa e como desobedecemos às regras que estabelecemos para nós próprios... Assim fortalecemos a inteligência e a vontade".

Amor e Serviço

Nós não atingiremos o objetivo pelo pensamento e pela meditação somente. Ele deve ser equilibrado pelo amor e serviço à vida toda que nos cerca. Isso inclui não apenas aqueles a quem amamos, mas também aqueles a quem não amamos, mas que necessitam; e ainda mais, todos os reinos da Natureza, mesmo as flores e os objetos inanimados. Para o homem desperto para a espiritualidade não há nada "comum" ou "impuro". Ele não pode deixar de tratar tudo com respeito e bondade. "Maria e Marta" são os dois aspectos de nossas almas. Enquanto Maria em nós olha para o céu, Marta ama servir. Começamos a servir discretamente a todos que nos rodeiam e este serviço não consiste em dizer às pessoas o que fazer, ou oficiosamente lhes tirar das mãos a faculdade de decidir e agir. Isso é puro egoísmo. Algumas vezes o único serviço possível é a nossa atitude mental silenciosa. Não é serviço fazer que os outros sejam "bons"; é preferível fazê-los felizes, se isso nos for legitimamente possível.

Depois de nossa caridade ter começado em casa, ampliemos seu campo de influência, e tornemo-nos interessados no bem-estar e na felicidade de nossa cidade, de nosso país e de toda a humanidade. O Mestre quer um canal dedicado ao Seu propósito e compaixão entre os homens, se podemos nos qualificar como tal.

Por último, não tema o desgosto e a dor. Tome pela mão, com bravura, sua amiga, a Vida. Suas lições mais severas tornam-se um sorriso de amor.

"A todo mortal é dado o sofrimento, mas somente uns poucos sabem que ele é o dom mais precioso dos Deuses". Somente duas coisas no mundo importam realmente: amor e coragem. Nunca esqueça isso.

Este é o caminho do amor de Deus e do amor dos homens. Como disse o Senhor Cristo, ele cobre todos os dez Mandamentos. É o caminho para a verdadeira felicidade e poder, pois nenhum homem é verdadeiramente feliz a menos que esteja fazendo aquilo que o mais íntimo de sua alma deseja que faça. Procure saber o que é, e lembre-se: por mais valioso que seja o conselho do verdadeiro sábio, ninguém pode nos dizer nada sobre isso, exceto nossa própria Alma. Aprendamos a ouvir e a encontrar o caminho por nós mesmos, "*o dharma* (dever, destino) de outrem é cheio de perigo" e infelicidade.

Há um pequeno livro que nos ajudará muito mais que todos os outros, no assunto de como viver. Alguns tratados espirituais são místicos, alguns são ascéticos ou éticos. A esta última categoria pertence *Aos Pés do Mestre*, de J. Krishnamurti[44]. Leia-o, pondere sobre ele, viva-o. Nunca foi escrito um guia melhor. Na terminologia cristã há o muito conhecido *Imitação de Cristo.*

Palavras Finais

Um santo hindu, Shri Ramakrishna, disse certa vez que para ser um professor e um conferencista, é preciso estudar muitos livros, mas para se atingir a Deus basta apenas um pensamento, estendendo-se por toda a vida. Aqui está "um pensamento", como eu o entendo: "Sou a Alma e não o corpo.

Durante todos os minutos, todas as horas, mesmo toda a vida, estou caminhando na estrada para Casa, para a

[44] Editora Teosófica, Brasília, 8ª ed, 2010. (N.E.)

Eterna Beleza. Todas as manhãs, prostro-me diante do altar interior, ante o véu dourado que oculta o excesso de Sua Glória. Um dia ele ficará transparente e revelará seu Encanto. O dia inteiro sou essa Alma. Minha tríplice personalidade é algo transitório, sempre mudando. Pacientemente, incansavelmente, tento compreender esta "sombra", usá-la no serviço, suavemente apoiá-la em tudo que possa acontecer-lhe, não me atribuir qualquer posse sobre ela, física ou mental; lentamente fazê-la o puro, claro vaso de cristal, através do qual a Luz do meu Verdadeiro Eu pode brilhar.

À medida que trilho esta longa, longa estrada, minuto a minuto, hora a hora, dia a dia, ano a ano, não peço nenhum prêmio, não estabeleço nenhum limite de tempo. Pois em Sua Vontade, o Sempre Adorável, o Eterno, o Amado, reside nossa paz e nosso perpétuo bem-estar. Nesse Amor descanso para sempre. Por esta estrada atingirei a sabedoria, a compreensão, o coração adorável, que me possibilitará trazer para todos os outros a inspiração, o conforto, a força, a alegria que está somente Nele. Possa eu sempre me lembrar de que "eu" não sou nada, nada. O Eterno Adorável é Tudo".

Aqui está uma bela prece de S. Inácio de Loiola: "Ensinai-nos, Senhor, a servir-Vos como mereceis ser servido; a dar e não contar o custo; a combater e não prestar atenção nas feridas; a trabalhar e não pedir qualquer remuneração, salvo saber que estou fazendo a Vossa Vontade".

Uma última palavra de advertência. Frequentemente, tenho visto pessoas que se fixaram na paixão, consciente ou inconscientemente, pela estatura espiritual. *Nada* peça. Não deseje ser, ou atingir alguma coisa. Deseje ser você mesmo, e espere com paciente humildade a chegada da Graça Divina. Somente aprenda a amar, a compreender, a promover o bem estar dos outros.

"Habitareis para sempre no coração daqueles que nunca pedem qualquer coisa, mas simplesmente amam, pois este é o Vosso lar".

Encerrarei este capítulo com mais algumas palavras do Dr. Carrel: "Apenas poucas pessoas alcançarão a evolução espiritual, pois isso requer um persistente esforço da vontade... Mas todos podem encetar esta vereda que, embora deva ser trilhada através de nuvens, vai ter ao brilho das alturas".

Capítulo 10

A meditação clássica do Sr. Buda

Conta-se que um dia um monge chegou-se ao Senhor Buda e pediu- lhe que mostrasse o caminho da Terra da Felicidade. "Na verdade", disse o Bem-Aventurado, "existe tal paraíso, mas o paraíso é espiritual e somente acessível àqueles que são espirituais".

Disse o discípulo: "Ensinai-me, Senhor, as meditações a que devo dedicar-me a fim de que minha mente possa entrar no paraíso da terra pura".

Disse Buda: "Há quatro grandes meditações. A primeira é *a meditação do amor,* na qual você anela pelo bem-estar e pela felicidade de todos os seres, incluindo mesmo seus inimigos. (Boa Vontade).

A segunda é a *meditação da piedade,* na qual você pensa em todos os seres em sofrimento, vividamente representando em sua imaginação seus desgostos e ansiedades de modo a criar em sua alma uma profunda compaixão por eles. (Compaixão pelos outros).

A terceira é a *meditação da alegria,* na qual você pensa na prosperidade dos outros e se alegra com suas alegrias. (Compartilhando da alegria dos outros).

A quarta é a meditação sobre a serenidade, na qual você se ergue acima do amor e do ódio, da tirania e da opressão, da fortuna e da pobreza e encara seu próprio destino com calma imparcial e perfeita tranquilidade. (Serenidade feliz)".

Alguns Livros Especiais

Para aqueles que leram este livro, e desejam ardentemente, do fundo de seu coração, trilhar o Caminho, recomendamos três livros que são fundamentais para todos os aspirantes. São eles:

- A Voz do Silêncio — Helena Petrovna Blavatsky.
- Luz no Caminho — Mabel Collins
- Aos pés do Mestre — J. Krishnamurti

Recomendamos adicionalmente a leitura dos livros a seguir, que também tratam de temas relativos à Senda Espiritual, todos publicados pela Editora Teosófica.

- As Escolas de Mistério - O Discipulado na Nova Era, Clara Codd.
- A Ciência do Yoga, I. K. Taimni
- Autocultura à Luz do Ocultismo, I.K.Taimni
- Yoga, a Arte da Integração, Rohit Mehta
- A Ciência da Meditação, Rohit Mehta
- A Doutrina do Coração, Annie Besant
- A Vida Espiritual, Annie Besant
- Cartas dos Mahatmas para A.P.Sinnett - Vol I e Vol II, Transcritas e compiladas por A.T.Barker
- A Senda para a Perfeição, Geoffrey Hodson